Função e desenho
na biologia
contemporânea

Função e desenho na biologia contemporânea

Gustavo Caponi

editora 34

São Paulo, 2012

Copyright © Associação Filosófica Scientiæ Studia, 2012

Projeto editorial: Associação Filosófica Scientiæ Studia
Direção editorial: Pablo Rubén Mariconda e Sylvia Gemignani Garcia
Projeto gráfico e capa: Camila Mesquita
Editoração: Bracher & Malta Produção Gráfica
Revisão: Beatriz de Freitas Moreira

Serviço de Biblioteca e Documentação da FFLCH-USP

C131f
Caponi, Gustavo
   Função e desenho na biologia contemporânea /
Gustavo Caponi. — São Paulo: Associação Filosófica
Scientiae Studia/Editora 34, 2012 (1ª Edição).
   144 p. (Filosofia da Ciência e da Tecnologia).

ISBN 978-85-61260-07-1 (Associação Scientiæ Studia)
ISBN 978-85-7326-507-1 (Editora 34)

   1. Biologia - Conceitos e terminologia. 2. Ecologia.
3. Filosofia da ciência. I. Título. II. Série.

CDD 501
121.8

Associação Filosófica Scientiæ Studia
Rua Santa Rosa Júnior, 83/102
05579-010 São Paulo SP
Tel/Fax (11) 3726-4435
www.scientiaestudia.org.br

editora■34
Rua Hungria, 592
Jardim Europa
01455-000 São Paulo SP
Tel/Fax (11) 3811-6777
www.editora34.com.br

Sumário

Prefácio   11

INTRODUÇÃO   13

CAPÍTULO 1   A concepção etiológica de função   23

    1.1. Apresentação da concepção etiológica   23

    1.2. Impugnação da concepção etiológica   28

CAPÍTULO 2   A concepção processual de função   37

    2.1. Apresentação da concepção processual   38

    2.2. O conceito de "função"
        e a ideia de "metas sistêmicas intrínsecas"   43

    2.3. A unidade das concepções
        consequenciais de função   49

    2.4. As limitações da concepção consequencial   53

    2.5. Etiologia da ilusão etiológica   58

CAPÍTULO 3   A noção de desenho biológico   63

    3.1. Considerações gerais sobre os termos
        "desenho" e "explicação de desenho"   64

    3.2. O sovaco da cobra   69

    3.3. Função e desenho   73

    3.4. A eficácia como simples efetividade   79

    3.5. Processos de desenho   81

    3.6. Função e adaptação:
        duas ontologias diferentes   83

    3.7. As apomorfias não podem ser tocadas   87

CAPÍTULO 4   O discurso funcional na ecologia   89

    4.1. Duas considerações preliminares   91

4.2. Função, eficácia e desenho na ecologia 95
4.3. A ciência do sustentável 104

CONCLUSÃO 115

Referências bibliográficas 117

Índice de termos 135

Índice de nomes 139

A la mami y al papi.
Por los plátanos de la calle Santiago,
donde todo comenzó.

"No existe una esencial desemejanza entre la metáfora y lo que los profesionales de las ciencias nombran la explicación de un fenómeno. Ambas son una vinculación tramada entre dos cosas distintas, a una de las cuales se le trasiega en la otra. Ambas son igualmente verdaderas o falsas."

Jorge Luis Borges

"No one denies that there is design in nature."

Niles Eldredge

"Organique: composé de parties qui peuvent accomplir des fonctions différentes, distinctes et coordonnées."

André Lalande

Prefácio

Este livro é o resultado de um projeto de pesquisa subsidiado pelo Conselho Nacional de Desenvolvimento Científico e Tecnológico (CNPq) e realizado na Universidade Federal de Santa Catarina. Estou em dívida, por isso, com ambas as instituições. E estou em dívida, sobretudo, com meus colegas do Departamento de Filosofia da Universidade Federal de Santa Catarina, que sempre fazem o possível para preservar as condições necessárias para o desenvolvimento das atividades de pesquisa. Estas, porém, dificilmente poderiam ser reconhecidas, e mal poderiam encontrar o necessário apoio institucional, se não existissem aqueles empenhados em criar e sustentar, muitas vezes com grandes dificuldades, os espaços para a divulgação e a legitimação dos resultados do trabalho. E, nesse sentido, minha dívida com a Associação Filosófica Scientiae Studia de São Paulo, e com seu generoso e batalhador presidente, meu caro e admirado amigo Pablo Mariconda, é enorme. A revista *Scientiae Studia* tem significado muito na minha carreira e, agora, a oportunidade de publicar meu primeiro livro em português na Coleção de Estudos sobre a Ciência e a Tecnologia majora essa dívida, colocando-me ante a feliz situação de poder fazer público meu orgulhoso agradecimento.

Mas a reflexão filosófica não precisa só de apoios e de espaços institucionais para ser reconhecida. Ela também precisa de uma rede de interlocução. Nesse sentido, o trabalho que aqui apresento pode ser descrito como o decantado do diálogo sobre a noção de *função* que, há uma década, venho mantendo com alguns colegas que não quero deixar de mencionar. São eles: Cláudia de Alencar, da Universidade Estadual de Feira de Santana; Karla Chediak, da Universidade

Estadual do Rio de Janeiro; Alejandro Rosas, da *Universidad Nacional de Colombia*; Maximiliano Martínez, da *Universidad Autónoma Metropolitana* (do México); Charbel Niño El-Hani e Nei Freitas Nunes Neto, da Universidade Federal da Bahia; Daniel Blanco, da *Universidad Nacional del Litoral*; Leonardo Gonzáles Galli e Santiago Ginnobili, da *Universidad de Buenos Aires*; Jean Gayon, da *Université de Paris 1 — Pantheon-Sorbonne*; e Jerzy Brzozowski, da Universidade Federal da Fronteira Sul. As discussões que com eles tive ao longo destes anos, das formas e nas circunstâncias mais variadas, foram definitivamente muito mais importantes para meu trabalho do que a enorme, mas nem sempre relevante, bibliografia que rodeia esta clássica temática da filosofia da biologia.

Quero aproveitar este breve prefácio para também agradecer o sempre cuidadoso e inteligente trabalho de revisão do meu português realizado por Arine Pfeifer Coelho. Sem contar com ela, não teria encarado a escritura deste livro. Como tampouco o teria feito sem contar, sempre e diariamente, com o apoio e a interlocução de Dixie.

Gustavo Caponi

Introdução

Desde que Ernst Nagel (1978 [1961]) e Carl Hempel (1979 [1965]) discutiram a legitimidade das *análises funcionais* próprias, e típicas, das ciências biológicas (cf. Buller, 1999, p. 7; Chediak, 2011, p. 84-5), este problema não deixou de ser recolocado e reconsiderado por todos aqueles que, sistemática ou ocasionalmente, ocupam-se da filosofia da biologia (Buller, 1999, p. 2). Mas depois que Karen Neander (1998, 1999), Ruth Millikan (1998, 2002) e Sandra Mitchell (1998) retomaram e reformularam a chamada *concepção etiológica* do conceito de "função", proposta por George Williams (1966) e, sobretudo, por Larry Wright (1972, 1973), e a contrapuseram à *concepção sistêmica* defendida por Cummins (1975), esta questão transformou-se em uma confusa e emaranhada polêmica que, por suas múltiplas instâncias e desdobramentos, agora resulta aparentemente inesgotável e quase impossível de ser resenhada em um relato unitário e coerente.[1]

Acredito, entretanto, que essa confusão acontece porque, embora de modo oblíquo, os dois grandes protagonistas da polêmica, tanto os defensores da *concepção etiológica*, como os defensores da ideia de "função" como *papel causal*, têm sua parcela de razão. Mas apresso-me a esclarecer que, quando digo isso, não estou pensando na possibilidade de que a po-

---

[1] São válidos, de todo modo, os esforços que nesse sentido fizeram Proust (1995, p. 82 ss.), Allen *et al.* (1998, p. 1 ss.), Sterelny & Griffiths (1999, p. 220 ss.), Grene & Depew (2004, p. 313 ss.), Giroux (2010, p. 71 ss.), Chediak (2011, p. 83 ss.) e Diéguez (2012, p. 163 ss.).

lêmica possa ser encerrada com uma *previsível* saída pluralista ou dualista. Em minha opinião, a elucidação correta do conceito de "função biológica" é basicamente uma especificação, fundada na ideia de *metas sistêmicas intrínsecas*, da ideia de "função" como papel causal, que está na base da posição de Cummins. O problema é que os defensores desta última concepção, à qual em certas ocasiões também designarei *concepção sistêmica* ou *concepção processual* de função, não parecem perceber que ela, mesmo se especificada por uma referência a *metas orgânicas intrínsecas*, resulta insuficiente para esclarecer outras noções que também são muito importantes para entendermos o discurso das ciências biológicas, ou seja, os conceitos de "adaptação" e "desenho".

Nesse sentido, as críticas que os defensores da concepção etiológica dirigem contra a concepção sistêmica estão, de algum modo, justificadas e devem ser atendidas. Mas digo que se justificam, não que sejam corretas. Em parte, essas críticas põem em evidência uma insuficiência real da concepção sistêmica, ou processual, do conceito de "função", mas explicam essa insuficiência de um modo errado. Onde simplesmente se deveria dizer que a concepção sistêmica do conceito de "função" não basta, nem para definir o conceito de "adaptação", nem para esclarecer o conceito de "desenho biológico", acaba-se exigindo que a própria noção de "função" opere como um equivalente conceitual dessas duas outras noções.

De fato, aquilo que se propõe sob o rótulo de concepção etiológica do conceito de "função" não é outra coisa que uma elucidação confusa, mas não totalmente desencaminhada, do conceito de "adaptação". E aí está seu grande erro: justapor os conceitos de "função" e de "adaptação" sem perceber, entre outras coisas, que a ideia de "adaptação" pressupõe a ideia de "função". Porém, essa superposição entre os dois conceitos tem origem em um erro anterior, ou seja, aquele de confundir as *explicações selecionistas* do desenho biológico com meras *análises funcionais*. E foi isso que conspirou contra a possibilidade de fornecer uma elucidação satisfatória do conceito de "desenho". Acredito por isso que, mostrando a diferença existente entre uma análise funcional e uma explicação selecionista e, sobretudo, mostrando como é que esta última supõe a preexistência daquela, pode-se também mostrar a correção da concepção sistêmica de função, sem deixar de reconhecer que ela é insuficiente para explicar os conceitos de "adaptação" e de "desenho biológico". Mas digo *insuficiente*, e não *inadequada*.

Sem uma ideia prévia de função biológica, que pode ser perfeitamente definida partindo da concepção sistêmica, ou processual, o conceito de "adaptação" resulta ininteligível. E o mesmo acontece com o conceito de "desenho biológico" e com as explicações selecionais desse desenho. O que se entende por função deve estar dado antes daquilo que se entende por adaptação e por desenho. As análises e imputações funcionais devem preexistir tanto às explicações selecionistas do desenho biológico quanto à identificação de adaptações. Eis aí o núcleo da crítica à concepção etiológica de função, que será apresentada nestas páginas.

Em geral, dentro do contexto específico da filosofia da biologia, a concepção etiológica de função foi criticada por ser muito restritiva. Pelo menos a um primeiro olhar, ela nos levaria a impugnar a legitimidade, ou a suficiência, de qualquer imputação funcional que não esteja fundada em uma explicação por seleção natural. De minha parte, e mesmo aceitando a pertinência dessa crítica, acredito que fazer depender as atribuições funcionais de explicações selecionistas está errado, antes de tudo, porque estas últimas explicações, como eu disse antes, já pressupõem a aceitação de atribuições e de análises funcionais.

Assumindo a teoria da seleção natural, o *estado de um caráter* se explica pelos prévios desempenhos funcionais das configurações morfológicas e etológicas que *exibem* esse estado. É assim que se diz que este ou aquele caráter é uma adaptação para o exercício da função que essas configurações desempenharam e, frequentemente, continuam a desempenhar. É por isso que afirmo que o grande mal-entendido, que subjaz à concepção etiológica de função é a confusão entre os conceitos de "função" e "adaptação". As explicações selecionistas não justificam imputações funcionais. Pelo contrário, elas as supõem e, a partir de outras considerações, também nos permitem atribuir a um caráter, ou a o estado de um caráter, o estatuto de adaptação.

As explicações selecionistas, devemos entender, não são análises funcionais. Elas não nos explicam como algo opera ou como algo funciona. Elas explicam a configuração de determinada estrutura orgânica, ou os caracteres de uma linhagem de seres vivos, em virtude de uma série de considerações que, é claro, incluem referências ao desempenho funcional dessa configuração, ou às exigências às quais esses seres vivos devem ou deverão responder para sobreviver. Sendo, por isso, que a melhor forma de caracterizá-las talvez seja dizendo que são *explicações de desenho*. Elas nos explicam por que os seres vivos estão desenhados como de fato estão (cf. Dennett: 1990, p. 187, 1996, p. 213). Além disso, essas explicações de desenho justificam aquilo que poderíamos chamar *atribuições de desenho*. Tais atribuições permitem descrever um caráter — e, por extensão, uma configuração morfológica ou etológica — como *estando (naturalmente) desenhado para fazer X*, se forem satisfeitas as seguintes condições:

(1) X é uma *função biológica* desempenhada por essa configuração.

(2) O caráter em questão é resultado de um processo de

mudança, morfológica ou etológica, impulsionado pela seleção natural.

(3) A configuração morfológica ou etológica, que exibe o caráter em questão, é melhor, ou mais efetiva, para produzir X, do que aquelas outras configurações que exibiam o estado primitivo desse caráter ou de outros estados derivados possíveis dele.

Note-se, e quero sublinhá-lo, que estou introduzindo, ou pressupondo, uma distinção entre caráter e configuração. Essa distinção será muito importante e terminará por ficar clara quando, no terceiro capítulo, for examinada com maior detalhe a recém-referida noção de "desenho biológico". Por agora, posso dizer simplesmente que, enquanto os termos "caráter" e "estados de caráter" remetem, já na linguagem técnica da biologia, a atributos de linhagens e sublinhagens de seres vivos, o termo "configuração" é introduzido por mim para designar a conformação de um organismo particular. Essas conformações, ou configurações, exibem os caracteres das linhagens, mas não são esses caracteres. Os caracteres não são atributos de organismos, ou o são somente em um sentido derivado e até equívoco. Por isso, prefiro dizer que as configurações das diferentes partes e pautas etológicas dos organismos exibem, *materializam* ou até *encarnam* caracteres. Meu braço direito não é o membro anterior direito de um tetrápode. É uma parte, ou uma configuração, de meu corpo que exibe, ou encarna, esse caráter.

Essa distinção, eu sei, pode parecer, no melhor dos casos, ridiculamente pedante, e, no pior dos casos, pode resultar em um artifício desnecessário. Mas acredito que é crucial para entender cabalmente as noções de "adaptação", no sentido evolutivo do termo, e de "desenho biológico". É necessário assumir, com efeito, que as adaptações, de que fala a biologia evolucionária — deixo aqui de lado os ajustes ou as acomodações que interessam ao fisiologista —, não são nem estados nem partes de organismos, são estados de caracteres que podem ser explicados por seleção natural. Para dizer de outro modo, as adaptações devem ser sempre entendidas como *caracteres de linhagens*, e não como partes ou estados de um corpo. Ter em conta essa diferença é algo imprescindível para estabelecer e clarificar a distinção entre explicações do desenho biológico, que são explicações de estados de caracteres, e análises funcionais das partes orgânicas.

Mas, para que essa caracterização das explicações de desenho, que aqui proporei, resulte satisfatória e, entre outras coisas, seja evitada sua desnecessária vinculação com a ideia de *desenho teológico*, eu deverei desenvolver antes uma crítica à concepção etiológica de função e apresentar depois uma elucidação alternativa desse conceito; uma elucidação que me permitirá chegar àquilo que, no meu entendimento, constitui o conceito de "função biológica". E, embora esteja muito próxima da proposta de Cummins, a concepção do conceito de "função" que proporei decorre, sobretudo, da leitura de Margarita Ponce (1987).

Não acredito, entretanto, que esse seja o único serviço que a concepção sistêmica de função pode nos prestar na análise do discurso das ciências biológicas. A maior parte das discussões filosóficas sobre a natureza e a legitimidade das atribuições e análises funcionais na biologia ficou centrada sobre as disciplinas que estudam as funções que as estruturas orgânicas desempenham no ciclo vital dos seres vivos individuais. Tal é o caso da fisiologia e da autoecologia. Mas, em geral, não se considerou que toda a ecologia, e não apenas a autoecologia, está estruturada e ordenada por uma perspectiva funcional, cuja lógica só pode ser entendida apelando para a concepção sistêmica de função (cf. El-Hani & Nunes, 2006). Levar isso em conta fornecerá instrumentos para, no capítulo final, discutirmos alguns problemas epistemológicos colocados por esse discurso eminentemente funcional da ecologia.

Por fim, gostaria de esclarecer que, embora em última instância eu concorde com aqueles que consideram que o eixo central da polêmica sobre o conceito de "função" tenha sido a oposição entre a concepção etiológica e a concepção sistêmica,[2] também acredito que o complexo leque das definições do conceito de "função biológica", que foram ensaiadas, excede essa polaridade (cf. Schaffner, 1993, p. 362 ss.; Wouters, 2003, p. 635 ss.). Além dos diferentes matizes e versões da concepção etiológica (Buller, 1998) e das posições dualistas de autores como Amundson e Lauder (1998), Godfrey-Smith (1998a), Beth Preston (1998), a própria Millikan (1999a; 1999b), Robert Brandon (1999) e Mark Perlman (2009), houve outros enfoques da questão. Enfoques esses que deram lugar a posições que, pelo menos *prima facie*, não se identificam nem com a autoproclamada hegemônica concepção etiológica[3] nem com a sua desafiadora oficial, a concepção sistêmica.

Nesse sentido, a distinção entre *concepções etiológicas* e *concepções consequenciais* do conceito de "função" proposta por Justin Garson (2008) parece-me muito mais geral e precisa do que a simples contraposição entre a concepção etiológica e a concepção sistêmica. Ela abrange e explica esta última distinção, e também nos permite situar e caracterizar as posições desses outros autores que, ainda sem defender

---

[2] Por exemplo, Davies (2001), Gayon (2006, 2010), Lewens (2007), Chediak (2006, 2008, 2011), Rosenberg (2008) e Franssen (2009, p. 105).

[3] A ideia de que a concepção etiológica do conceito de função seja *majoritariamente aceita* é muito comum entre seus defensores. Ver, por exemplo, Hardcastle (1999, p. 27) e Buller (1999, p. 19).

o ponto de vista etiológico sustentado por Williams, Wright e seus muitos seguidores, tampouco sustentaram uma posição imediatamente assimilável à concepção sistêmica formulada por Cummins. Por isso, embora não me ajuste necessariamente à caracterização de cada uma das posições feita por Garson e, embora minha avaliação destas também não coincida sempre com a dele, muitas vezes seguirei sua estratégia expositiva para ordenar meu próprio desenvolvimento do tema.

Acredito, por outra parte, que Garson (2008, p. 526) tem toda a razão quando diz que o primeiro e grande divisor de águas nas teses filosóficas sobre o conceito de "função" é a pergunta por aquilo "que distingue a função de uma entidade do mero efeito que ela produz". Ou, para usar o exemplo clássico, poder-se-ia dizer também que a questão-chave está em como justificar e explicar a diferença entre *bombear sangue* e *produzir ruído* quando, reconhecendo-se que ambas as coisas são efeitos do movimento cardíaco, diz-se que só o primeiro dos efeitos é uma função desse movimento (cf. Buller, 1999, p. 2). Assim, e seguindo também Garson (2008, p. 526-7), pode-se dizer que, em geral, todas as respostas ensaiadas para essa questão ou são *etiológicas*, e apontam para a história, a gênese, a proveniência do item funcional, ou são *consequenciais*, e apontam para a qualificação do efeito tido como função.[4]

---

[4] É digno de observar que as concepções etiológicas do conceito de função são algo relativamente novo. O modo clássico foi pensar esse conceito em uma perspectiva consequencial. Assim, no seu *Vocabulário técnico e crítico da Filosofia*, André Lalande (1947, p. 361) definia função dizendo: "papel próprio e característico desempenhado por um órgão em um conjunto cujas partes são interdependentes. Esse conjunto pode ser mecânico, fisiológico, físico ou social". Este livro é, então, uma proposta de retorno aos clássicos.

Assim, dada uma perspectiva etiológica, poderia ser o conhecimento da história evolutiva do coração o que nos permitiria dizer que bombear sangue, e não produzir ruído, seja a função desse órgão (cf. Millikan, 1999b, p. 116). No entanto, dada uma perspectiva consequencial, essa atribuição funcional se justificaria pelo fato de que a ação de bombear sangue, diferentemente do mero ruído, produz efeitos relevantes para o sistema no qual o coração está contido.

No primeiro capítulo examinarei, e logo descartarei, a primeira alternativa. Logo após, no segundo capítulo, tentarei dar uma formulação clara e precisa da segunda alternativa. Isso me servirá, já no terceiro capítulo, como base para definir a ideia de "desenho biológico". Finalmente, no quarto capítulo irei me valer também dessa formulação da perspectiva consequencial para justificar o discurso funcional da ecologia.

CAPÍTULO 1

A concepção etiológica de função

Amparada no merecido prestígio da teoria da seleção natural (Chediak, 2011, p. 92) e malgrado seu caráter injustificadamente restritivo, a concepção etiológica de função sustentou-se e aparentemente preservou uma posição hegemônica (cf. Lewens, 2007, p. 530), não obstante o flagrante erro envolvido no questionamento de qualquer imputação funcional que não esteja fundada em uma explicação selecionista. Esse questionamento, com efeito, só pode ser aceito desconhecendo como são legitimadas essas imputações naqueles domínios das ciências da vida nos quais elas são mais habituais, ou seja, a fisiologia e a autoecologia. Acredito, entretanto, que o erro fundamental dessa posição não é esse. Minha posição, que tentarei mostrar neste primeiro capítulo, é que fazer depender as imputações funcionais de explicações selecionistas está errado, porque isso implica desconhecer que estas últimas já pressupõem a aceitação de imputações e de análises funcionais.

1.1. Apresentação da concepção etiológica

Assumindo a concepção etiológica das imputações funcionais, quando falarmos de uma parte ou peça que integra um aparelho desenhado por um ser humano, ou por qualquer outro agente intencional, teremos de dizer que a função dela não é outra que o efeito sobre o funcionamento, ou o desempenho, total do aparelho que esse agente procurava quando decidiu colocar aí esse elemento (Lawler, 2008, p. 332). Sob essa perspectiva, o cano da bicicleta no qual, na infância, levávamos um acompanhante, teria como função tornar mais robusta a estrutura geral do veículo, e não transportar um passageiro extra. Quer dizer, não obstante o *uso ocasional* que se possa dar a essa célebre parte da bicicleta, sua função, em sentido estrito, a sua *função própria*, segundo insistem os que sustentam a perspectiva etiológica, é aquela efetivamente prevista e procurada no processo de desenho do veículo. Assim, tanto nesse caso quanto no de uma estrutura biológica, a perspectiva etiológica nos leva a pensar que uma atribuição funcional sempre obedece ao esquema já destacado por Larry Wright (1972, p. 211, 1973, p. 161). Segundo esse autor, dizer que "a função de x (no sistema ou processo z) é y" supõe aceitar que: (1) x produz ou causa y e (2) x está ali (em z) *porque* produz ou causa y (cf. El-Hani & Nunes, 2009a, p. 353; Chediak, 2011, p. 87).

No caso de que z seja um sistema ou processo desenhado e construído por um agente intencional, (2) quererá dizer que esse agente desenhista colocou e/ou configurou x em z, da forma que o fez, porque esperava ou desejava que o efeito y fosse efetivamente produzido. Portanto, levar um passageiro extra não seria, em sentido estrito, uma função própria do cano da bicicleta. É, em todo caso, uma *função acidental* que o fabricante, ao responder pela garantia, não deveria ficar sabendo que a peça estava exercendo no momento de quebrar-se. Enquanto isso, no caso de sistemas ou processos biológicos não intencionalmente projetados, (2) aludirá ao processo de seleção natural que configurou z e x, premiando a produção de y. Assim, no contexto das ciências da vida, as atribuições funcionais, conforme sustentam os defensores da perspectiva etiológica, têm que obedecer a uma variante, ou especificação particular, do esquema de Wright, segundo a qual dizer que "a função de x (no sistema ou processo z) é y" supõe aceitar que: (1) x produz ou causa y e (2) x está ali (em z) *porque* a seleção natural *premiou* a realização de y nas formas ancestrais de z (cf. Chediak, 2011, p. 90).

Essa formulação, é verdade, deveria ser aprimorada para evitar algumas ambiguidades e dificuldades que poderia provocar, e a literatura sobre a concepção etiológica das atribuições funcionais é riquíssima em versões que buscam superar esses problemas.[1] Nesse sentido, uma questão muito discutida nas hostes etiológicas é aquela colocada quando nos perguntamos se o que conta como processo seletivo, para atribuir uma função, pode remeter a toda pressão seletiva que tenha moldado qualquer forma ancestral dos organismos em estudo, ou se deve tratar de uma pressão recente ou, inclusive, ainda operante.[2] Teria sentido, por exemplo, atribuir funções (atuais) aos órgãos vestigiais, tal como é o caso do nosso apêndice intestinal, em virtude das pressões seletivas que alguma vez agiram sobre os ancestrais de uma espécie? (cf. Chediak, 2011, p. 94). Aparentemente não. Por isso, se aceitarmos a concepção etiológica, é mister delimitar melhor, em um sentido temporal, quais seriam as pressões seletivas que poderiam ser invocadas nas nossas atribuições funcionais (Garson, 2008, p. 535).

Por outro lado, também poderíamos perguntar se é realmente necessário que nossa atribuição funcional aponte para uma pressão seletiva. Porque, se assim o considerarmos, estaremos também pressupondo que só é legítimo atribuir

---

[1] A respeito, ver Griffiths (1998, p. 442), Kitcher (1998, p. 489), Godfrey-Smith (1998b, p. 473), Schwartz (2002, p. 249) e Buller (2002, p. 230).

[2] A respeito dessa apaixonante polêmica, ver Godfrey-Smith (1998b), Millikan (1999b), Pigliuci e Kaplan (2006, p. 133) e Schwartz (2002).

uma função y a uma estrutura x^1 se e somente se existia, ou, inclusive, ainda existe, uma forma alternativa a ela, x^2, tal que esta tenha sido, ou ainda seja, penalizada pela seleção natural em virtude de não produzir y, ou, em todo caso, em virtude de produzi-lo com menos eficácia que x^1. Talvez, e como sugere Buller (1998, p. 508 ss.) em sua atrevida *versão fraca* da concepção etiológica, para concluir que y é a função de x em z, seja suficiente afirmar que a estrutura x contribuiu, pela produção de y, à *fitness* dos ancestrais mais ou menos imediatos de z.[3]

Quer dizer, para afirmar que nos gambás atuais a pestilência tem uma função protetora, pode ser desnecessário que nos remetamos a um passado mais ou menos remoto no qual alguns antepassados desses bichinhos não eram pestilentos, ou o eram em menor grau do que alguns de seus congêneres e, por isso, teriam tido menos sucesso na luta pela existência do que aqueles que já eram pestilentos, ou o eram em maior grau. Em lugar disso, talvez baste aceitar que a pestilência contribuiu para a sobrevivência de seus ancestrais mais ou menos imediatos afugentando alguns predadores para, na base dessa pressuposição, atribuir essa função protetora ao traço em questão. Quer dizer, para justificar uma atribuição funcional fraca, não seria necessário remeter-se a uma situação na qual existiam gambás não pestilentos ou menos pestilentos. Para justificar uma atribuição funcional fraca, basta apontar que esse traço, talvez presente em toda a linhagem, alguma vez contribuiu, em um passado mais ou menos distante, para a sobrevivência de seus portadores.

---

[3] Adotar a concepção etiológica fraca do conceito de "função" não exime de ter que resolver o problema do caráter mais ou menos recente que deveriam ter as pressões seletivas cujo conhecimento justificaria a imputação funcional (cf. Chediak, 2011, p. 93).

A CONCEPÇÃO ETIOLÓGICA DE FUNÇÃO

É digno de observar, entretanto, que esse último modo, fraco, de entender o conceito de função continua sendo etiológico (Preston, 1998, p. 24). Nele, a atribuição funcional continua a ser justificada retrospectivamente por "referência à história evolutiva que gerou o sistema que está sendo considerado" (Gayon, 2006, p. 483). Isso fica claro quando comparamos a posição de Buller com a distinção entre uma versão fraca e uma *versão forte* do conceito de função proposta por Robert Hinde em 1975. O que Hinde entende por versão forte do conceito de função coincide com a definição de função que surge da tese etiológica forte. Atribui-se uma função y a uma estrutura x na medida em que tal estrutura tenha sido selecionada pelo fato de cumprir essa função.

Todavia, a primeira, a versão fraca no sentido de Hinde, somente alude às "consequências benéficas" atuais de uma estrutura. Ela não alude aos benefícios produzidos no passado. Nesse sentido, pode-se atribuir uma função y à estrutura x, se esta for uma particularidade que favorece a realização do ciclo vital, aí incluída a procriação, de um determinado tipo de ser vivo em um ambiente específico. Isso tudo sem introduzir nenhuma consideração sobre o passado da linhagem do ser vivo em estudo.

Hinde (1998, p. 431), como ele próprio reconhece, assume pontos de vista próximos aos de Niko Tinbergen, para quem a distinção entre perguntar pelo valor de sobrevivência de um traço, a vantagem ou benefício que ele comporta, e perguntar pela sua história evolutiva é muito clara (Tinbergen, 1985 [1968], p. 168). Para Tinbergen, trata-se de duas questões independentes. Aquela que poderíamos caracterizar como *ecológica*, ou *autoecológica*, alude às interações do ser vivo com seu ambiente em um momento dado; a outra questão, que poderíamos caracterizar como *evolutiva*, alude a como é que essas ou outras interações podem ter contribuído ou podem ainda cumprir algum papel na evolução da linhagem dos organismos em estudo (Tinbergen, 1979 [1965], p. 100). Assim, nesse contexto, pode-se aludir à função de um traço entendendo-a como a contribuição desse traço ao bom desempenho de um ser vivo em um ambiente específico, sem que isso nos exija nenhuma consideração de tipo evolutivo.

Mas aí, ao usar essa variante do conceito de "função" — a fraca no sentido de Hinde, e não no sentido de Buller —, já saímos do domínio da concepção etiológica e nos introduzimos no campo daquilo que Garson (2008, p. 537) chama de *teorias consequenciais* da função (cf. Lewens, 2004, p. 102), isto é, o campo no qual se insere a concepção biológica de função que será sustentada neste livro. Esta última concepção alude, de fato, ao tipo de efeito produzido por aquilo que estamos considerando como item funcional, não à história deste. Alude, exclusivamente, às consequências que a operação do item funcional traz, em um momento dado, para o sistema no qual esse item funcional se encontra. Em resumo, essa concepção não faz referência a nada que tenha a ver com a etiologia ou a origem desse item funcional. Entretanto, eu não gostaria de apresentar esse ponto de vista consequencial sem antes apontar e explicar as dificuldades mais importantes que apresentam as concepções etiológicas.

1.2. Impugnação da concepção etiológica

É verdade que essas dificuldades já foram apontadas por diversos autores. Elas se vinculam, basicamente, ao já mencionado caráter muito restritivo desse modo de entender as atribuições funcionais. Ao assumi-lo, muitas imputações funcionais, que aparecem no discurso das ciências biológicas, ficam deslegitimadas. Mas, embora essas dificuldades e críticas sejam conhecidas, acredito que seria bom tê-las presentes para assim poder entender melhor aquilo que considero constituir o erro central, o erro fundamental, da concepção etiológica. A primeira dessas dificuldades tem a ver com a possibilidade de atribuir funções a estruturas não selecionadas para cumprir tais funções. A segunda, entretanto, tem a ver com o fato de as concepções etiológicas fazerem depender as atribuições funcionais da teoria da seleção natural, sem considerar que essas atribuições foram feitas, e continuam a ser feitas, em momentos e contextos do desenvolvimento das ciências biológicas nos quais essa teoria não existia, ou nos quais, ainda hoje, ela não entra em consideração. As duas dificuldades, porém, estão indissoluvelmente vinculadas.

Pensemos, primeiro, em estruturas não selecionadas que podem resultar funcionais ou, melhor ainda, em estruturas que puderam ter sido selecionadas em virtude de uma determinada função, mas que também cumprem outra função para a qual não foram selecionadas (cf. Chediak, 2011, p. 94). Isso é o que está envolvido no conceito de "exaptação" proposto por Gould e Vrba em seu artigo de 1982. E ainda que, nesse texto, os autores sigam George Williams (1966, p. 9), reservando o termo "função" para designar o *efeito selecionado* de um traço (Gould & Vrba, 1998 [1982], p. 520), acredito que a ideia de que podem existir estruturas herdadas que resultem úteis no cumprimento de um papel biológico e que até são capazes de incrementar a aptidão de seus portadores, mas que não foram buriladas pela seleção natural em virtude desse papel, indica-nos que é só por uma decisão puramente terminológica, e não por algum compromisso teórico mais profundo, que não se fala aí de uma função não selecionada (cf. Gould & Vrba, 1998 [1982], p. 522).

Tal seria o caso, por exemplo, do clitóris hipertrofiado da hiena manchada. Essa estrutura aparentemente cumpre uma função relevante, um papel biológico importante, nos rituais de acasalamento dessa espécie. Porém, a sua evolução pode ser um efeito secundário de pressões seletivas de outra índole que, favorecendo um incremento de tamanho nas fêmeas, premiaram aquelas com mais secreção de andróginos em virtude do maior tamanho que elas podiam alcançar (Gould & Vrba, 1998 [1982], p. 529).

Dir-se-á, é claro, que se isso foi o que realmente aconteceu, então essa função secundária, ou acidental, que o clitóris proeminente desempenha nos rituais de acasalamento não é sua função própria. Dir-se-á que emitir sinais de cio não é a função selecionada desse traço notável (cf. Rosenberg, 2006, p. 30). Mas, mesmo para introduzir essa diferença entre função acidental e função própria, é necessário supor um conceito de função mais geral do que o de função como efeito selecionado.[4] Sem esse conceito mais geral de função, atrevo-me a dizer, a própria ideia de "exaptação" não teria maior sentido. Porque ela, claramente, não surge para dar conta do fato de que as estruturas biológicas produzem efeitos não selecionados e carentes de significação biológica, como a reação alérgica que em mim ocasiona o pelo de gato, ou como o ruído que produz o coração ao pulsar. A ideia de "exaptação" surge para qualificar esses efeitos que, inclusive não sendo selecionados, são funcionais em algum sentido que, evidentemente, não é reconhecido ou convalidado pela concepção etiológica de função (cf. Ginnobili, 2009, p. 9; Diéguez, 2012, p. 170).

---

[4] A esse respeito, ver Davies (2000, p. 36 nota 8, 2001, p. 55, 2009, p. 141) e, também, Rosenberg & McShea (2008, p. 92).

A CONCEPÇÃO ETIOLÓGICA DE FUNÇÃO

Porém, mais evidente ainda do que essa primeira dificuldade da concepção etiológica é aquela outra que deriva do fato de tal concepção fazer depender as imputações funcionais das explicações por seleção natural. Isso, como já foi observado por vários autores, implica negar ou desconhecer tudo o que acontece no campo da fisiologia (cf. Nagel, 1998 [1977], p. 221; Davies, 2001, p. 112; Weber, 2004, p. 37). Para vê-lo, não é necessário que nos remetamos aos esforços, remotos e pré-darwinianos, feitos por William Harvey (1963 [1628], p. 40, p. 103, p. 105), para determinar o papel, ou a função, do coração na circulação sanguínea. De Claude Bernard em diante, os biólogos funcionais não deixaram de trabalhar conforme esta regra metodológica que, por sinal, também era a de Harvey: *para todo processo ou estrutura normalmente presente em um ser vivo, deve-se mostrar qual é o papel causal que este ou esta cumpre, ou tem, no funcionamento total do organismo* (cf. Caponi, 2002a, p. 70; Gayon, 2006, p. 486). É justamente a esse papel causal que os biólogos funcionais chamam "função". Sem esperar por uma justificação darwiniana, e menos ainda teológica, de suas imputações.

Por isso, se, como Ruth Millikan (1998, p. 297-8) pretende, a análise do conceito de "função" tem que se adequar aos referenciais teóricos vigentes (cf. Lewens, 2007, p. 535), esse tipo de atribuição funcional deve também ser considerada. Se um fisiologista moderno descobre que a excreção de uma substância fedorenta permite que um animal qualquer elimine substâncias tóxicas presentes na sua dieta, ele não esperará por uma justificação evolutiva para dizer que essa excreção tem a função de desintoxicar o corpo desse animal. Em todo caso, e se o comitê de experimentação com animais permitir, esse fisiologista vai ensaiar uma contraprova *à la* Bernard (1984 [1865], p. 91), tentando impedir essa excreção, para assim poder ver se o animal efetivamente se intoxica quando essa operação não é realizada (cf. Schaffner, 1993, p. 145; Delsol & Perrin, 2000, p. 142). Se a desintoxicação foi realmente a função selecionada dessa excreção, ou se ela foi selecionada como recurso defensivo para afugentar predadores, será algo que, em definitivo, pouco interessará ao fisiologista. Para ele, se o organismo se intoxica e morre quando esse processo de secreção é impedido, então essa desintoxicação é uma das funções desse processo. Por isso, os artigos de fisiologia não abundam em conjeturas darwinianas (cf. Weber, 2004, p. 40).[5]

O interessante, por outro lado, é que essas conjeturas também podem estar ausentes nas observações dos naturalistas que trabalham no domínio da autoecologia. Se um ecólogo de campo analisa as condições de vida do animal do exemplo anterior e estabelece que esse animal se sustenta comendo plantas tóxicas, que o envenenariam se não houvesse essa excreção, ele dirá que descobriu um importante *papel biológico*, no sentido de Bock e Wahlert (1998, p. 131), dessa operação. Todavia, conforme esses dois últimos autores reconhecem, aí também se poderia chegar a usar a palavra "função". Ela pode operar, e de fato opera, como sinônimo de papel biológico (Bock & Wahlert, 1998, p. 125), e assim designa esse importante "serviço" que a excreção dessas substâncias tóxicas desempenha na história de vida, ou ciclo vital, de nosso animal. Por outro lado, esse mesmo ecólogo poderia ainda descobrir que essa excreção também serve para espantar predadores. Assim, ele diria ter descoberto uma segunda função, pelo menos no sentido fraco de Hinde,

---

[5] Não estou negando, entretanto, que o fisiologista não possa iluminar ou orientar melhor seu trabalho fazendo considerações de tipo evolucionista (cf. Morange, 2011, p. 146-7). Apenas estou dizendo que as imputações funcionais são independentes, justificam-se independentemente dessas considerações.

sem que isso o comprometa a ter que decidir, por meio de um estudo evolutivo, qual dessas duas funções foi a inicialmente selecionada.

Acredito, ademais, que algo análogo poderia ser dito das inferências funcionais na paleontologia (cf. Rudwick, 1998; Turner, 2000). Embora aí as atribuições de papéis biológicos sejam muito mais difíceis de justificar do que na autoecologia (Bock & Wahlert, 1998, p. 132; Gans, 1998, p. 560), elas seguem apontando a função que se poderia pensar que uma estrutura cumpria na história ou ciclo vital do organismo em estudo. Elas falam de um momento passado, mas não necessariamente o fazem remetendo-se a um momento ainda anterior. Conjugado em tempo passado, aí também se cumpre aquilo que Tinbergen (1985 [1968], p. 168) deixou sempre muito claro, ou seja, uma coisa é perguntar como uma estrutura contribui para a realização do ciclo vital de seus portadores; outra é perguntar pela história evolutiva dessa estrutura (cf. Lewens, 2004, p. 116).

A primeira pergunta se faz observando como o ser vivo em questão interage com seu meio, individualizando quais são os problemas que ele tem que resolver para poder viver e reproduzir-se, e quais são os recursos com que ele conta para resolvê-los. Ou, se for o caso de um animal extinto, isso se faz tentando reconstruir essas interações e esses problemas. A segunda pergunta, em troca, sempre é mais complicada, e exige outro tipo de investigação. Porque, embora os problemas de sobrevivência que uma estrutura resolve em um momento determinado talvez possam dar uma pista importante sobre sua história evolutiva, também é possível que essa função atual resulte em um indício enganoso. Pode ocorrer que o traço em questão seja somente uma exaptação para o papel biológico detectado e isso nos oculte a verdadeira natureza das pressões seletivas envolvidas na sua evolução. O clitóris hipertrofiado das hienas manchadas seria um bom exemplo disso. As placas do estegossauro seriam outro. Elas podem ter desempenhado uma função defensiva ou ter evoluído como reguladores térmicos (cf. Lewontin, 1982, p. 145).

Eu não diria, entretanto, que fazer depender as atribuições funcionais das explicações por seleção natural esteja errado só pelo fato de ser uma tese muito restritiva. Eu acredito que o engano vai muito além. Fazer depender as atribuições funcionais de explicações selecionistas está errado, em primeiro lugar, porque essas explicações pressupõem as atribuições funcionais (Davies, 2001, p. 55-7; Ginnobili, 2009, p. 7-8). Assumindo como referência a teoria da seleção natural, conforme já falei na introdução, o estado de um caráter se explica pelo desempenho permitido, no cumprimento de uma função, pela configuração morfológica ou etológica que exibe, ou encarna, esse estado de caráter. Isso exige que o desempenho funcional em questão seja identificado antes que a explicação selecionista seja construída. Uma vez que a função está estabelecida, analisa-se se o caráter em estudo é uma adaptação que evoluiu pelas exigências derivadas desse exercício ou se evoluiu por outras razões. Assim, decide-se quando, para essa função, o caráter constitui uma verdadeira adaptação ou quando ele é uma mera exaptação.

Pode-se afirmar, por isso, que o grande mal-entendido que está na base da concepção etiológica do conceito de "função" é ter confundido esse conceito com o conceito de "adaptação", sem perceber que este último é logicamente posterior àquele. Primeiro, temos que estabelecer a função de uma configuração morfológica ou etológica, para depois determinar se o caráter por ela exibido é ou não uma adaptação. Isto é, se o caráter evoluiu por seleção natural em virtude das exigências derivadas desse desempenho funcional, ou se ele evoluiu em virtude de outras exigências funcionais, talvez hoje perimidas, que também será mister identificar. As explicações selecionistas, para dizê-lo de outro modo, não justificam imputações funcionais, mas as pressupõem e, a partir de outras considerações (cf. Brandon, 1990, p. 165), permitem-nos atribuir a um estado de caráter o estatuto de adaptação. É essa imputação, que alude a linhagens e a caracteres, e não a imputação funcional, que alude a partes e organismos, que tem um caráter etiológico, embora fosse mais correto dizer que tem um caráter evolutivo.

É necessário, por isso, que procuremos uma elucidação do conceito de "função" que seja independente e anterior à teoria da seleção natural (Ginnobili, 2009, p. 21), o que pode ser feito pensando de modo consequencial (Garson, 2008, p. 537), e não de modo etiológico. Como já afirmei na introdução, em lugar de tentar delimitar o conceito de "função" em virtude da gênese do item funcional, devemos fazê-lo em virtude do efeito, ou consequência, que a operação ou ocorrência desse item produz (cf. Garson, 2008, p. 538). É assim que poderemos chegar a um *conceito biológico* de "função" que supere as dificuldades e os mal-entendidos da concepção que acabamos de examinar. Para fazer isso, entretanto, teremos que proceder em dois passos. Primeiro, precisamos delimitar um conceito geral de "função". Depois disso, poder-se-á delimitar o conceito biológico, entendendo-o como uma especificação particular do conceito mais abrangente e geral. É necessário esclarecer, contudo, que o conceito geral de "função" voltará a ser de grande utilidade para analisar, no último capítulo, o discurso funcional da ecologia.

CAPÍTULO 2

A concepção processual de função

No capítulo anterior, tendo-me permitido desafiar a auto-proclamada hegemônica concepção etiológica de função, sustentei que as explicações por seleção natural, longe de serem ou justificarem imputações funcionais, pressupõem estas últimas. Agora sustentarei que essas imputações podem ser entendidas apelando para uma especificação particular daquilo que, ao invés de concepção sistêmica do conceito de "função", prefiro chamar concepção processual de função. Será essa especificação do conceito de "função" que denominarei simplesmente *concepção biológica* de função. Essa concepção, direi também, é necessária para definir os conceitos de "adaptação" e "exaptação", e para estabelecer a distinção entre ambos, coisa que não pode ser feita com base na concepção etiológica, pois, para esta, ter uma função é a mesma coisa que ser uma adaptação.

Argumentarei, por fim, que a exigência de que as análises funcionais devam ter um conteúdo explicativo, de corte etiológico, que nos permita discriminar entre benefícios acidentais e verdadeiras funções é improcedente porque, na realidade, essa é uma atribuição das explicações selecionistas. São elas que dão a conhecer essas etiologias e são essas etiologias que permitem distinguir entre adaptações e exaptações. Sustentarei ademais que, embora esse não seja o caso da concepção processual *tout court*, a concepção biológica de função possui, sim, um caráter *fracamente* normativo que faz compreensíveis as avaliações e comparações de desempenhos funcionais, sem que para isso seja necessário apelar para a distinção entre benefício acidental e função própria. Direi, inclusive, que essa dimensão normativa, ou avaliativa, contemplada pela concepção biológica de função, é condição de possibilidade das explicações selecionistas.

2.1. Apresentação da concepção processual

A concepção processual de função à qual estou aludindo é, na realidade, uma formulação mais ampla do conceito de "função" como papel causal proposto por Cummins (1975). Ao assumir isso, estaremos aceitando que dizer que "a função de x (no processo ou sistema z) é y" só exige supor que: (1) x produz ou causa y, e (2) y tem um papel causal na ocorrência ou na operação (ou funcionamento) de z (cf. Chediak, 2011, p. 89). Assim, dado qualquer processo causal, tal como o funcionamento de uma máquina, um fenômeno fisiológico, a explosão de um avião ao decolar ou o movimento das marés, pode-se afirmar que um elemento tem uma função nesse processo se e somente se a operação ou presença desse elemento tem um papel causal, alguma contribuição causal efetiva, na ocorrência ou consumação de tal processo.

Se, na bicicleta, o movimento dos pedais transmite-se pela coroa dentada dianteira e pela corrente até a coroa traseira, e esta move a roda posterior, impulsionando a bicicleta, diremos que a função dos pedais é impulsionar a bicicleta. Se o movimento cardíaco faz circular o sangue dentro do organismo, diremos que essa é sua função no sistema circulatório. E se uma chapa deixada por descuido na pista de um aeroporto foi sugada pela turbina de um avião que decolava, fazendo-o explodir, então diremos que essa chapa teve uma função no acidente. Por fim, se determinarmos que, em virtude da atração gravitacional que pode exercer sobre as grandes massas de líquido, a Lua incide no fluxo e na vazante das marés, também diremos que ela tem uma função, um papel causal, nesses processos.

Não se está dizendo, entretanto, que a chapa estava na pista para produzir esse acidente e que ela tenha sido posta ali por um grupo terrorista de escassos recursos. Tampouco se diz, é claro, que a Lua tenha sido criada ou posta ali onde está para regular as marés, ou que a função que ela cumpre nessa regulação seja a sua razão de ser, ou uma das suas razões de ser. Contrariamente ao que pressupõem os defensores da concepção etiológica, o conceito de "função" jamais deve ser confundido com o de "razão de ser". Quando se atribui uma função à Lua nos processos de baixa-mar e preamar, só se está dizendo que ela intervém nesses processos, analogamente a como se diz que aquela chapa, possivelmente desprendida acidentalmente de outra aeronave na decolagem, pode ter tido um papel causal na explosão do avião. É só por referência a esses processos em particular que atribuímos uma função a esses objetos.

Dado um processo ou sistema maior — e, se quisermos, mais complexo —, um processo ou subsistema particular — e, se quisermos, mais simples — apresenta uma relevância funcional no interior daquele, sem que isso implique pensar que esse processo ou subsistema, menor ou mais simples, estava ali em virtude dessa participação. Nessa perspectiva, a atribuição funcional não supõe nenhuma hipótese sobre a origem ou a construção do sistema ou processo em estudo, nem supõe alguma hipótese sobre a origem ou a construção do suposto item funcional. Além do mais, fazer uma atribuição funcional tampouco implica negar que, dado outro processo de referência, o evento ou item que foi objeto dessa imputação possa ser objeto de outra ou de nenhuma imputação funcional.

Como é óbvio, esse modo de entender as atribuições funcionais supõe que elas podem ser feitas com relação a qualquer processo causal, e não só com relação a processos orgânicos ou artefatos construídos por agentes intencionais. Isso motivou a objeção de que a concepção sistêmica de função acaba sendo tolerante demais.[1] Assumindo essa concepção, pode-se falar, como de fato muitas vezes acontece, da função das nuvens no ciclo da água ou da função do movimento das placas geológicas no sistema tectônico (cf. El-Hani & Nunes, 2011, p. 194). Isso, todavia, não é uma dificuldade para os defensores da noção de função como papel causal. Em todo caso, isso mostra que esse modo de entender a noção de função contempla todos os variados contextos nos quais podemos realizar, e de fato realizamos, imputações funcionais (cf. Davies, 2001, p. 85). As imputações funcionais, as imputações de papéis causais, são ubíquas porque o mundo é uma rede de processos causais os quais podem ser funcionalmente analisados.

A esse respeito, a atitude aparentemente radical de Margarita Ponce parece-me, definitivamente, a mais correta e coerente. Segundo ela, em uma análise funcional, o item funcional "é, simplesmente, o fenômeno ou o fato que compreendemos em virtude das suas consequências em cada caso de explicação, e a função é o efeito da coisa funcional que contribui para a consecução do estado de coisas ou do fenômeno por cujas causas inquirimos nesse mesmo processo explicativo" (1987, p. 106). Eu, entretanto, prefiro expressar essa mesma ideia dizendo que, em uma análise funcional, a entidade funcional não é outra coisa que o fenômeno ou ele-

---

[1] Assim o têm feito, por exemplo, Kitcher (1998, p. 494), Amundson e Lauder (1998, p. 346), Walsh (2008, p. 353) e, mais recentemente, Perlman (2010, p. 61).

A CONCEPÇÃO PROCESSUAL DE FUNÇÃO

mento, cuja contribuição ou intervenção causal na ocorrência de um processo particular queremos identificar ou apontar. A função, então, viria a ser a contribuição ou intervenção causal dessa entidade no mencionado processo. Onde houver explicações causais, poderíamos assim dizer, haverá sempre análises e atribuições funcionais, porque essas análises e essas imputações, como de algum modo também diz Margarita Ponce (1987, p. 103), não são outra coisa que o reverso de explicações e atribuições causais.

Mas Ponce, sempre é bom recordar, vai além de uma simples legitimação generalizada das análises e imputações funcionais. De fato, o objetivo dela é uma plena reabilitação das ideias de *teleologia* e de *explicação teleológica*. Para ela, o fim de um processo ou sistema não é outra coisa que "um estado de coisas que o sujeito *destaca* em virtude de seus interesses cognitivos" (1987, p. 106). E é essa presunção que também lhe permite afirmar que "não só os seres vivos, mas também qualquer fato ou qualquer fenômeno pode ser explicado teleologicamente" (1987, p. 107). Assim, se aceitarmos essa maneira proposta por Ponce de entender a teleologia, e não vejo nenhum inconveniente em fazê-lo, também poderíamos contradizer Cummins (2002, p. 158), e desconsiderar a pretensão de que a noção de "função" como papel causal esteja desprovida de todo caráter ou compromisso teleológico (cf. Reiss, 2009, p. 25; Cummins & Roth, 2010, p. 75). Embora, apuro-me a esclarecer, isso não redundaria em uma impugnação, mas antes em uma melhor compreensão dessa concepção (cf. El-Hani & Nunes, 2009a, p. 360).

De todo modo, embora não aceitemos essa caracterização fraca da teleologia proposta por Ponce, acredito que ainda podemos aceitar que o que limita as atribuições funcionais é somente o interesse do pesquisador em analisar um processo em particular no lugar de outro (cf. Ponce, 1987, p. 106). Se o ruído que produz um coração ao pulsar não nos parece uma função desse movimento, é somente porque estamos dando por óbvio que o processo em análise é a circulação sanguínea. Mas se pensarmos no adormecimento de um bebê quando está no regaço de sua mãe ou de seu pai, é possível pensar que esse ruído, se compassado e regular, tenha algo a ver, tenha uma função, nesse processo. Na realidade, diferentemente das relações causais que são binárias (x é causa de y), as relações funcionais são sempre ternárias (y é a função de x no processo z). Se não desconsiderarmos isso, veremos que as imputações funcionais estão sempre restritas e ordenadas por esse caráter ternário inerente à relação funcional.

Isso é o que nos impede de passar da ubiquidade a uma promiscuidade indiscriminada. Ter uma função é sempre ter uma função no interior de um determinado processo ou sistema de referência. Assim, quando o processo de referência é o ciclo vital de um organismo, chegamos ao conceito de função biológica. Todavia, para que esta última ideia fique mais clara, acredito que é melhor chegar até ela considerando-a, pelo menos inicialmente, como uma simples variante daquilo que Justin Garson (2008) chama *goal-contribution theories*, que aqui denominarei "concepções do conceito de 'função', fundadas na presunção de metas sistêmicas intrínsecas". Logo veremos que essas concepções do conceito de "função", fundadas na presunção de metas sistêmicas intrínsecas são somente uma variante, ou uma especificação, da concepção processual. Assim, ficará mais clara a relação existente entre a noção biológica de "função" e essa mais abrangente noção processual.

2.2. O conceito de "função" e a ideia de "metas sistêmicas intrínsecas"

As concepções do conceito de "função", fundadas na presunção de metas sistêmicas intrínsecas, constituíam o ponto de vista majoritário entre 1940 e inícios dos anos 1970 (Lewens, 2007, p. 540). A elas apelaram, de um modo ou outro, autores que, como Hempel (1979 [1965]), Boorse (1976) e Nagel (1977a, 1977b, 1998 [1977]), estavam muito influenciados pelas análises de Sommerhoff (1950) e pelas teses expostas por Rosenblueth, Wiener e Bigelow (1943).[2] Contudo, malgrado a maior parte dos trabalhos realizados entre 1980 e 2000 esteja marcada por uma perspectiva evolucionista que tendeu a favorecer as concepções etiológicas, nunca deixaram de surgir tentativas de reformular e sustentar esse modo de entender o conceito de "função" cujo referente biológico mais imediato está na biologia funcional, e nem tanto na biologia evolucionária (cf. Chediak, 2011, p. 95). Penso particularmente nos trabalhos de Enç e Adams (1998), Schlosser (1998), o próprio Boorse (2002), Delancey (2006) e, mais recentemente, Benoni Edin (2008).

Segundo essas concepções, "a função de uma parte de um sistema é sua contribuição a uma meta desse sistema" (Garson, 2008, p. 539) e, em um primeiro olhar, seu âmbito de aplicação parece restringir-se àqueles sistemas, naturais ou artificiais, cujo funcionamento e/ou desenvolvimento tende à consecução, preservação ou recuperação de um determinado estado, definível em termos de certas correlações constantes entre um conjunto definido de variáveis, não obstante

---

[2] Tal como apontam Schlosser (1998, p. 304), Lewens (2004, p. 4, 2007, p. 530) e Walsh (2008, p. 351).

esse processo inicie a partir de distintas condições e sofra perturbações externas durante seu transcurso. No universo da tecnologia, os termostatos e os mísseis teleguiados são os exemplos mais citados de tais sistemas, mas pode-se pensar em coisas menos complicadas, coisas mais acessíveis para aqueles que, como eu, entendem o funcionamento de uma bicicleta, mas não o de um motor Mabuchi.

Tal o caso, por exemplo, de uma cisterna cujo conteúdo de água se mantém constante pela mediação de um flutuador que, quando o nível de líquido baixa devido ao consumo, também descende e, assim, abre a entrada do fornecimento, fechando-a quando, ao recuperar-se esse nível, esse "estado privilegiado", o flutuador também sobe. Assim, independentemente de seu nível inicial e não obstante a perturbação produzida pelo consumo, o sistema tende a manter ou a recuperar um estado-meta definível, nesse caso, por um determinado nível de água. Ou, como explica Garson: "um sistema dirigido à meta é o que exibe a capacidade de alcançar um valor específico para alguma variável sistêmica, ou de manter essa variável dentro de uma série de valores, em face da perturbação ambiental, via a existência de uma atividade compensatória operando entre suas partes" (2008, p. 539).

Assim, "a manutenção ou a consecução de um determinado valor para essa variável sistêmica é considerada a meta do sistema, e a contribuição específica de uma parte do sistema para a consecução dessa meta é considerada a função dessa parte" (Garson, 2008, p. 539). Por isso, pode-se dizer que, segundo essa perspectiva, afirmar que a "função de x (em z) é y" supõe aceitar que

(1) x integra um sistema z dirigido a uma meta w;

(2) x produz ou causa y;

(3) y tem um papel causal na consecução de w.

É digno de ser destacado, por outro lado, que aqueles autores cujas posições estiveram direta ou indiretamente influenciadas pelo trabalho de Rosenblueth, Wiener e Bigelow, tenderam a pressupor que a atribuição de uma função a uma estrutura orgânica só resulta legítima se o acionar dessa estrutura responde de forma específica, seja ativando-se ou desativando-se, seja intensificando-se ou inibindo-se, à ocorrência de desvios com relação àquilo que se considera a meta do sistema em estudo. Daí a importância que têm, para eles, as referências aos mecanismos de regulação por retroalimentação negativa (Lewens, 2007, p. 542; Garson, 2008, p. 540).[3] Entretanto, e como aponta Gerhard Schlosser, vincular as imputações funcionais a esses mecanismos pode vir a ser desnecessariamente restritivo, pois, "muitos caracteres orgânicos, que indubitavelmente têm uma função, não estão sujeitos a regulação por retroalimentação negativa" (1998, p. 309).

Nos seres vivos, com efeito, "muitos processos fisiológicos são considerados funcionais, porque contribuem para a realização de estados vitais, embora não haja retroalimentação negativa por parte destes últimos. A função do batimento cardíaco é bombear sangue, e a circulação sanguínea é de importância vital para o animal, mas esta não regula o batimento do coração por retroalimentação negativa" (Schlosser, 1998, p. 324). Por outro lado, as adaptações dos organismos às condições ambientais (como a coloração escura das mariposas em regiões industrializadas) também são consideradas como tendo uma função (que, neste caso, é a de ocultar as maripo-

---

[3] Exemplos desse modo *cibernético* de entender o conceito de "função" podem ser encontrados em Hull (1975, p. 155), Nagel, (1998 [1977], p. 209), Boorse (2002, p. 69) e Edin (2008, p. 206).

sas de seus predadores), embora a interação com a ambiente resultante dessa adaptação não tenha nenhum efeito retroalimentador sobre a adaptação (coloração) durante a vida de cada organismo (Schlosser, 1998, p. 325).

Todavia, essa vinculação entre as concepções de função fundadas na presunção de metas sistêmicas intrínsecas e os processos de retroalimentação negativa está muito longe de ser necessária e, no caso específico das funções biológicas, tampouco é necessário restringir a sua aplicação a casos nos quais a meta orgânica em questão seja definível em termos de correlações constantes entre um conjunto delimitado de variáveis. Se assumirmos que a meta inerente, intrínseca e definidora de todo organismo é estabelecer e preservar sua autonomia organizacional perante as contingências e perturbações do entorno, e aceitarmos chamar esse processo, que também inclui a reprodução, de *autopoiesis* (cf. Maturana & Varela, 1994, p. 69), poderíamos também dizer que, aplicada aos seres vivos, uma teoria de estado privilegiado do conceito de "função" daria lugar ao seguinte esquema geral das atribuições funcionais:

(1) x faz parte de um sistema autopoiético z;

(2) x produz ou causa y;

(3) y tem um papel causal em z, ou é uma resposta a uma perturbação sofrida por z.

Porém, se por alguma razão, o termo "*autopoiesis*" não parece conveniente, ainda é possível substituí-lo pelo termo "autorreprodução", proposto pelo já citado Gerhard Schlosser (1998). Os organismos, com efeito, podem ser caracterizados como sistemas autorreprodutivos complexos (Schlosser, 1998, p. 329, 2007, p. 122). Eles são sistemas que se autoproduzem e autopreservam e, ao fazê-lo, eles também se reproduzem. Sob essa perspectiva, cabe caracterizar como funcional qualquer efeito de uma estrutura ou processo que, sendo parte do fenótipo em sentido estendido (cf. Dawkins, 1999) desses sistemas, contribua para a autossustentação e reprodução deles (Schlosser, 2007, p. 123). Assim, e seguindo agora a terminologia de Schlosser, poder-se-ia também afirmar que, ao dizer que a "função biológica de x é y", estamos pressupondo que:

(1) x faz parte de um sistema autorreprodutivo z;

(2) x produz ou causa y;

(3) y tem um papel causal na autorreprodução de z, ou é uma resposta a uma perturbação sofrida por esse processo.

Pode-se apelar, todavia, para uma linguagem mais clássica. No lugar de usar as expressões *"autopoiesis"* e "sistema autorreprodutivo", podemos recuperar o termo *ciclo vital* e usá-lo tal como o usa Edward Stuart Russell (1948, p. 20). Nesse caso, o esquema geral das imputações funcionais biológicas poderia ser apresentado de uma forma que deixaria mais claro o fato de que essas imputações não somente aludem a fenômenos relacionados com a fisiologia e com o desenvolvimento de um ser vivo, mas também podem aludir a esses processos e estruturas, geralmente estudados pela autoecologia, que, tal como as colorações miméticas, asseguram ou facilitam o ajuste de um organismo a seu meio. Nesse caso, dizer que "a função biológica de x é y" suporia aceitar que:

(1) x faz parte do ciclo vital z;

(2) x produz ou facilita y;

(3) y tem um papel causal na realização de z, ou é uma resposta a uma perturbação ou ameaça sofrida por z.

Note-se, por outra parte, que essa concepção biológica de função também pode ser estendida, sem maiores dificuldades, àqueles itens ou elementos que, sem serem partes ou comportamentos de um indivíduo, nem sequer no sentido de um fenótipo estendido (que poderia, por exemplo, abranger o ninho construído por um pássaro), nem por isso deixam de ser recursos importantes para garantir o ciclo vital de um ser vivo. É possível falar, nesse sentido, da função que um inseto desempenha na polinização de alguma planta, ou da função que a existência de ocos para aninhar cumpre no ciclo vital de alguns pássaros. Considerados na perspectiva dessa planta ou desse pássaro, os insetos polinizadores e a existência de ocos para aninhar desempenham uma função biológica relevante. Mas reconhecer isso não implica apagar, pelo menos não totalmente, a distinção entre partes orgânicas e recursos vitais.

As partes orgânicas são essas estruturas cuja existência depende da existência do organismo em cujo ciclo vital elas cumprem uma função biológica. Meu coração é, nesse sentido, uma parte do meu organismo, e o ninho de um joão-de-barro é uma parte do fenótipo estendido desse pássaro. Mas os materiais com os quais o pássaro constrói seu ninho não são partes desse fenótipo estendido, pois podem existir ainda quando não existam joões-de-barro para usufruí-los. Por isso, consideramos esses materiais como recursos vitais do joão-de-barro, mas não como partes dele. E acredito que algo semelhante poder-se-ia dizer de uma prótese ou de um coração artificial. Em ambos os casos, trata-se de recursos, e não de partes orgânicas. Acredito, entretanto, que, para o tema que aqui estamos examinando, resulta mais conveniente levar em conta basicamente a concepção mais restrita do conceito de "função biológica", ou seja, aquela associada exclusivamente à ideia de parte ou de comportamento de um organismo. Pode-se deixar um pouco de lado essa concepção mais ampla que abrange também a ideia de recurso.

Além disso, insisto que tanto essa formulação mais restrita do conceito de função biológica quanto as duas anteriores — a associada à noção de *autopoiesis* e a associada à noção de "sistema autorreprodutivo" — são, todas elas, somente versões de uma mesma ideia sobre as atribuições funcionais que ocorrem nas ciências biológicas. Uma ideia que, além disso, pode ser caracterizada como clássica. Ela já está explicitamente formulada nos escritos de Claude Bernard (1878, p. 370), embora, como era de esperar, nesse caso, ela só pareça aludir a funções estritamente fisiológicas. Desenvolvimento e autoecologia estão aí fora de toda consideração.

Já no velho dicionário de Abercrombie, Hickman e Johnson, essa ideia aparece enunciada em toda a sua generalidade. O termo "função", segundo esses autores, designa, em geral, "a função de uma parte do organismo no sentido em que essa parte ajuda na manutenção da vida e na capacidade de reprodução" (1961, p. 108). Ter-se-ia economizado muito tempo, além de muita tinta e papel, se, pelo menos no que tange ao domínio da filosofia da biologia, as atuais discussões sobre o conceito de "função" tivessem começado por aí e não pela concepção etiológica de Wright. Levando em conta que ao fazer referências a funções biológicas simplesmente se está pensando na contribuição causal que uma estrutura, processo ou comportamento presta na ocorrência do ciclo vital de um organismo, teria ficado sempre claro que esse conceito particular de "função" não era outra coisa que a especificação de um conceito mais geral perfeitamente compreensível a partir da ideia de papel causal.

2.3. A UNIDADE DAS CONCEPÇÕES CONSEQUENCIAIS DE FUNÇÃO

É digno de ser sublinhado, por outra parte, que esse modo de entender o conceito de "função biológica", que está aqui sendo proposto, não só aproxima a concepção processual de função das concepções de função, fundadas na presunção de metas sistêmicas intrínsecas, mas também permite estabelecer um elo entre essas duas concepções e aqueles outros dois grupos de concepções consequenciais apontados por Garson. Aludo àquelas que ele chama *good-contribution theories* (Garson, 2008, p. 541), que chamarei "concepções do efeito benéfico", e àquelas que ele chama *fitness contribution theories* (Garson, 2008, p. 542), que chamarei "concepções consequenciais darwinianas". O campo das concepções consequenciais pode assim ser pensado como um bloco homogêneo e contraposto, como um todo, às concepções etiológicas, mas sem que para fazer isso sejam necessárias simplificações ou omissões de modos de entender o conceito de "função" que não respondem, pelo menos não imediatamente, aos esquemas previstos por Wright e Cummins.

A ideia que serve de fundamento para essas concepções do efeito benéfico, como Garson explica, é que "para que uma entidade possua uma função, o desempenho dessa função deve ter (usual ou tipicamente) um beneficiário" (2008, p. 541). Quer dizer, a posse dessa entidade e o desempenho dela, sua função, devem ser benéficos para um agente ou sistema do qual tenha sentido dizer que a ausência dessa entidade ou seu mau desempenho seriam, de algum modo, algo pernicioso. Essa foi a perspectiva sobre as imputações funcionais proposta por Woodfield (1976) e por Canfield (1978), e acredito que a já mencionada referência de Hinde a uma acepção fraca do termo "função" enquadra-se também dentro do esquema dessas concepções do efeito benéfico.

Mas penso que Garson (2008, p. 541) está equivocado ao atribuir essa posição a Marck Bedau. No que tange às funções biológicas, este último autor sustenta uma variante das concepções etiológicas (cf. Bedau, 1998, p. 280), e o mesmo se pode dizer de Peter McLaughlin. Garson (2008, p. 542) inclui a posição deste último autor dentro dessa variante das concepções consequenciais que aqui chamei concepções do efeito benéfico. Mas acredito que as teses de McLaughlin (2001, p. 140) não deixam de ser de tipo etiológico (cf. Brigandt, 2002, p. 124). De todo modo, essa é uma questão de importância secundária que aqui não será discutida.

O que aqui me interessa sublinhar é que qualquer definição biológica de benefício que se possa imaginar ou fará referência à possibilidade que um ser vivo tem de assegurar a realização de seu ciclo vital, ou, em todo caso, fará referência à preservação ou ao incremento da aptidão darwiniana desse ser vivo. Assim, qualquer tentativa de caracterizar as imputações funcionais em termos de efeitos benéficos ou bem será uma variante das concepções do conceito de "função", fundadas na presunção de metas sistêmicas intrínsecas, ou bem será uma variante desse quarto e último conjunto de concepções consequenciais que, um pouco mais acima, propus chamar de concepções consequenciais darwinianas.

Essas concepções, que foram sustentadas por autores como Ruse (1979, p. 225), Slater (1988, p. 149), Bigelow e Pargetter (1998, p. 254) e Lewens (2004, p. 112), caracterizam e justificam as imputações funcionais apelando à teoria da seleção natural. Nesse sentido, estão de algum modo vinculadas às concepções etiológicas. Conforme tais concepções, "a função de um traço consiste na sua contribuição à aptidão do organismo (ou, mais em geral, à aptidão do sistema biológico) do qual ele é parte" (Garson, 2008, p. 542). É importante entender, todavia, que essas concepções recorrem à visão darwiniana de um modo diferente. Para as concepções consequenciais darwinianas, uma estrutura é funcional não pelo fato de ter contribuído à *fitness* de seus portadores em um passado mais ou menos longínquo, mas por estar fazendo isso no momento considerado pela formulação da imputação funcional (Lewens, 2004, p. 104; Gayon, 2010, p. 130). Aqui a *fitness* é citada por ser um efeito da presença do suposto item funcional, e não por ter sido a causa dessa presença (cf. Buller, 1999, p. 21). Por isso, trata-se de uma concepção consequencial, e não etiológica.

Entretanto, se por aptidão se entende êxito reprodutivo, teremos que dizer que toda estrutura ou processo orgânico que contribui para a realização do ciclo vital de um ser vivo contribui também para a sua *fitness*. Desse modo, as teorias consequenciais darwinianas também acabam identificando--se com as concepções do conceito de "função", fundadas na presunção de metas sistêmicas, ou orgânicas, intrínsecas. A diferença entre elas, em todo caso, poderia estar na ênfase que as teorias consequenciais darwinianas dão ao fato de as atribuições funcionais serem sempre relativas a um determinado ambiente e a um determinado momento (cf. Lewens, 2004, p. 103-6). O que pode contribuir para a *fitness* em um determinado ambiente pode não fazê-lo em outro, ou pode deixar de fazê-lo se esse ambiente vier a mudar. Por isso, o que é funcional em um determinado momento e lugar pode não sê-lo em outras circunstâncias (Walsh & Ariew, 1999, p. 263). Mas não acredito que essas considerações não possam vir a ser contempladas dentro das concepções de função fundadas na presunção de metas sistêmicas, ou orgânicas, intrínsecas.

Por isso, se minha análise for correta, tanto as concepções darwinianas que vinculam o conceito de "função" com o de "aptidão" como as concepções do efeito benéfico podem ser consideradas como variantes dessa especificação do conceito de "função", fundado na presunção de metas sistêmicas, ou orgânicas, intrínsecas, que proponho chamar "conceito bio-lógico de função". E este, por sua vez, pode ser considerado um caso especial do conceito de "função" como papel causal.

A ideia é simples e já a formulei mais acima, mas acredito que não seria mau reiterá-la. Quando se fala de funções orgânicas, ou biológicas, pensa-se sempre em um tipo particular de processo que é a realização, a consumação, do ciclo vital de algum ser vivo. Desse ponto de vista, de tudo aquilo que contribui para que um organismo viva, cresça e se reproduza em um determinado ambiente, poder-se-á dizer que tem uma função biológica (cf. Millikan, 1999b, p. 120).

2.4. As limitações da concepção consequencial

O fato, entretanto, é que esse modo de entender as atribuições funcionais não parece satisfazer alguns requisitos que os defensores das concepções etiológicas apontaram insistentemente como imprescindíveis para qualquer elucidação do conceito de "função" (cf. Chediak, 2011, p. 87-8). A acusação de promiscuidade foi aqui respondida aludindo ao fato de que toda atribuição funcional é relativa a um determinado processo, e apontando também que as funções biológicas são sempre relativas a esses processos que chamamos ciclos vitais. Mas essa referência ao caráter ternário da relação funcional, em contraposição ao caráter binário da relação causal, é insuficiente para responder à acusação de que as concepções consequenciais permitem atribuições funcionais que não satisfazem esses outros três requisitos que alguns insistem em considerar como inerentes a esse tipo de enunciados (cf. Lewens, 2004, p. 88-9, 2007, p. 530-1):

(1) Uma atribuição funcional deve ter valor explicativo; ela deve servir para explicar por que o item funcional está ali e, até certo ponto, por que ele é como é.

(2) Uma atribuição funcional deve ser distinta da atribuição de um efeito acidental.

(3) Uma atribuição funcional deve possuir um caráter normativo.

O primeiro requisito é claramente ignorado pela concepção processual geral das atribuições funcionais. Segundo esta, a relação funcional é, efetivamente, o reverso de uma relação causal, na medida em que esta última é considerada como parte de um processo. Por isso, atribuir a algo uma função implica aceitar que, de alguma maneira, a operação desse algo explica, pelo menos parcialmente, tanto a ocorrência do efeito funcional como a ocorrência do processo total que dá sentido a essa imputação funcional (Buller, 1999, p. 14). Mas, de maneira diferente do que supostamente aconteceria com a concepção etiológica de função (Buller, 1999, p. 13), a operação explicativa reconhecida por essa concepção processual geral nada implica e nada pressupõe sobre a proveniência e o processo de configuração do item funcional (cf. Gayon, 2006, p. 485), o que tampouco acontece no caso das atribuições funcionais biológicas fundadas na referência a um ciclo vital.

Contrariando aquilo que Walsh (2008, p. 356) diz a esse respeito, e lembrando as lições de Tinbergen, acredito que da mera identificação da função que o coração desempenha na economia orgânica não se infere nada sobre como foi que chegaram a existir seres dotados de coração. Como tampouco se infere a história de uma máquina a partir da simples análise de seus mecanismos de retroalimentação. Essas análises, é verdade, podem dar-nos indícios importantes para reconstruir a história dos desenhos de máquinas e organismos, mas as explicações de desenho não se seguem imediatamente dessas análises funcionais. Por isso, se tivermos que atribuir algum caráter legitimamente teleológico às análises funcionais da fisiologia ou da autoecologia, isso não dependerá, contrariando uma vez mais Walsh (2008, p. 356), do fato de que essas análises funcionais carreguem alguma informação sobre a história do item funcional em questão e sobre a história do sistema analisado.

Em todo caso, se essas análises são teleológicas, elas o são pelo simples fato de pôr em evidência a contribuição do suposto item funcional na consecução ou preservação do que consideramos a meta, ou estado privilegiado, do sistema analisado.[4] Mas aí se trata da clássica *teleologia intraorgânica* que Claude Bernard (1878, p. 340), seguindo Kant (KU §66), já reconhecia como um elemento constitutivo da perspectiva fisiológica (cf. Caponi, 2002a, p. 70; Rosas, 2008, p. 17). Uma teleologia que também cabe considerar como um elemento fundamental das análises autoecológicas centradas em papéis biológicos (Caponi, 2002a, p. 75). Uma teleologia que é independente de qualquer consideração etiológica retrospectiva, e que alude, simplesmente, à contribuição causal que um item ou processo funcional apresenta na preservação ou consecução da meta intrínseca de um sistema.[5]

Mas, além dessa última questão, o fato é que a concepção biológica de função que aqui foi apresentada parece enfraquecer o poder explicativo das imputações funcionais, coisa que não acontece no caso da concepção etiológica. Para esta,

---

[4] A respeito disso, ver Goldstein (1951, p. 340), Merleau-Ponty (1976 [1953], p. 215) e Polanyi (1962, p. 360, 1966, p. 40).

[5] A primeiro olhar, a ideia de *teleologia orgânica* fundada na presunção de metas intrínsecas aos seres vivos, resulta mais restritiva do que a noção de teleologia proposta por Ponce, porque supõe que o fim em questão não depende de uma mera eleição teórica, e sim de algo próprio ou inerente ao objeto de estudo. Contudo, se aceitarmos que o reconhecimento de que um sistema físico é um organismo que pressupõe uma análise funcional de suas partes, na qual estas já são consideradas em virtude de sua contribuição causal à operação e constituição do todo (cf. Riese, 1950, p. 47), essa diferença se dilui. A teleologia orgânica, em todo caso, poderia ser pensada como um caso especial dessa teleologia geral "anistiada" por Ponce.

como vimos no capítulo anterior, atribuir uma função a uma estrutura já implica formular uma hipótese sobre a história dessa estrutura e sobre a sua razão de ser (cf. Gayon, 2006, p. 485).

É por essa mesma razão que a concepção aqui defendida tampouco permite distinguir entre a função própria de um verdadeiro item funcional e o efeito acidental, até benéfico, que esse ou outro item qualquer possa trazer para o sistema em análise (Ginnobili, 2009, p. 6). Isso é óbvio no caso da concepção geral de função que supomos quando, para explicar um acidente aeronáutico, atribuímos um papel causal, ou função, à sucção que a turbina do avião fez de uma chapa deixada por descuido na pista de decolagem. Essa noção, por si só, não implica nem supõe nenhuma distinção entre funções próprias, procuradas ou selecionadas, e efeitos acidentais de um suposto item funcional. Mas a situação não é totalmente diferente no caso de uma imputação funcional fundada na ideia de "função biológica" derivada desse conceito geral de "função".

Quando pensamos em um ciclo vital, podemos afirmar ou negar que um fenômeno qualquer tenha nele uma função. Mas, ao constatar-se tal função, essa constatação não nos permitirá dizer se essa função é ou não um efeito só *acidentalmente* benéfico. Se a excreção de substâncias presentes na dieta de um animal o mantém desintoxicado, disso não podemos inferir se esse efeito benéfico foi o que a seleção natural premiou na configuração anatomofisiológica que permitia essa operação, ou se o premiado foi o possível efeito que a excreção dessas substâncias produzia nos predadores desse animal.[6] Uma vez mais, a concepção de função aqui

---

[6] Obviamente, isso não implica negar que essas imputações funcionais possam vir a ser importantes para a identificação dessas pressões seletivas.

defendida parece enfraquecer o valor cognitivo das imputações funcionais. Isso, diriam os defensores da concepção etiológica, também se veria no fato de que o ponto de vista consequencial aqui defendido tampouco nos permitiria discriminar entre o mau ou o bom desempenho de um item funcional.

Atribuir uma função a uma estrutura, dizem-nos os defensores da concepção etiológica, supõe poder formular julgamentos sobre o bom e o mau funcionamento dessa estrutura.[7] O que não é possível no caso de muitas atribuições funcionais contempladas como válidas dentro da concepção geral de função. Se uma chapa deixada acidentalmente na pista de decolagem não fosse sugada pela turbina de um avião ao decolar pelo fato de ser muito pesada, não parece ter sentido dizer que, nesse caso, a chapa não funcionou bem ou não cumpriu a sua função. Ao contrário, se o sistema de freios de um avião falha em uma aterrissagem e isso gera um acidente, caberá dizer que esse sistema não funcionou ou que ele não funcionou corretamente. Isso é assim, dizem-nos os defensores da concepção etiológica, porque estamos supondo que o sistema de freios foi desenhado e estava ali para cumprir essa função que, de fato, não cumpriu (cf. Lawler, 2008, p. 334). Quer dizer, a concepção etiológica, diferentemente da concepção processual geral (ou irrestrita) de função, permite-nos falar de funções legitimamente imputadas, mas, de fato, não cumpridas ou cumpridas defeituosamente.

Entretanto, essa fraqueza da concepção geral de função parece menos evidente no caso da concepção de função biológica que dela derivamos. Esta, de um modo quase imediato, permite-nos distinguir entre itens funcionais, que

---

[7] A respeito, ver Walsh (2008, p. 354), Krohs & Kroes (2009, p. 9), McLaughlin (2009, p. 95) e Giroux (2010, p. 99).

contribuem para a realização do ciclo vital de um organismo, e itens disfuncionais, que positivamente conspiram contra essa realização. Podemos dizer que um tumor é disfuncional sem saber nada de sua etiologia. Mas, além disso, uma vez que se determinou a contribuição, talvez acidental, que uma estrutura desempenhava na realização do ciclo vital de um organismo individual, seja no seu metabolismo, no seu desenvolvimento ou nas suas interações com o ambiente, ainda que isso aconteça em uma situação muito particular e ainda que se trate de uma estrutura totalmente nova ou única, se viesse a ocorrer que essa estrutura deixasse de dar essa contribuição, ou começasse a fazer isso de um modo menos eficiente, diríamos que essa estrutura deixou de cumprir a função biológica que antes tinha, ou que está deixando de cumpri-la com a mesma eficiência (cf. Walsh, 2008, p. 356).

2.5. Etiologia da ilusão etiológica

Forçosamente, em casos como esses, nossas avaliações terão que se fundar em análises comparativas. Mas essas comparações não serão arbitrárias, e sim relativas à contribuição que esses itens funcionais apresentam no cumprimento do ciclo vital do organismo em questão (Cummins & Roth, 2010, p. 79). Isso também se cumpre no caso de estruturas que desempenham funções semelhantes em organismos com ciclos de vida também semelhantes, sejam esses organismos de uma mesma espécie ou de espécies diferentes. Dada essa função que se supõe semelhante ou idêntica, poderão ser estabelecidas comparações entre o desempenho funcional de ambas as estruturas, e isso é algo essencial na construção de explicações selecionistas. Estas supõem tais diferenças e comparações de desempenho funcional entre as variantes

A CONCEPÇÃO PROCESSUAL DE FUNÇÃO

de uma estrutura em organismos de uma mesma população, cuja história de vida é, em consequência, basicamente a mesma.

No próximo capítulo, veremos como é que as comparações de eficácia podem ser realizadas independentemente de qualquer consideração sobre o desenho ou a finalidade dos itens comparados e do sistema em que eles atuam. Por ora, que me seja permitido somente apontar como aqui também fica em evidência que, longe de darem sustento às análises funcionais, as explicações selecionistas supõem a sua preexistência (cf. Davies, 2001, p. 55). Isso é o mesmo que repetir o que também sustentei quando critiquei a concepção etiológica de função. A noção de "adaptação", como bem assinalou Santiago Ginnobili (2009, p. 20-1), supõe a noção de "função", e esta é logicamente independente daquela.

Assim, vistas à luz destas últimas considerações, as supostas vantagens da perspectiva etiológica se esfumam como uma ilusão. Porque, embora seja inegável que, ao pensarmos as análises funcionais com referência a ciclos vitais, resignamo-nos a perder a pretendida capacidade explicativa que a essas análises atribuem as concepções etiológicas e aceitamos que tais análises não permitem discriminar entre estruturas acidentalmente benéficas e adaptações, ou entre funções acidentais e funções próprias, o fato, obliterado pelas concepções etiológicas, é que, para poder fazer estas últimas coisas, tampouco se pode prescindir dessas análises.

Sem análises funcionais, repito, não há explicações selecionistas. Mas são estas últimas que permitem explicar a história de algumas estruturas funcionais e também discriminar entre genuínas adaptações e meras exaptações. Os defensores da concepção etiológica sobrepõem e confundem essas explicações selecionistas, que necessariamente se fundamentam em análises funcionais consequenciais, fundadas na ideia de função biológica, com supostas análises funcionais etiológicas. É por isso que os defensores da concepção etiológica atribuem a essas supostas análises funcionais etiológicas as capacidades de explicar a história dessas estruturas funcionais e, ademais, de permitir discriminar entre adaptações e exaptações.

Porém, se evitarmos essa confusão, e reconhecermos que explicações selecionistas e análises funcionais são operações cognitivas diferentes, que apontam para objetivos cognitivos também diferentes, poderemos aceitar essas supostas limitações da concepção biológica de função. Poderemos fazê-lo porque saberemos que às análises funcionais não compete dar a conhecer uma história dos sistemas analisados, nem permitir discriminar entre adaptações e meras exaptações. Isso é assunto das explicações selecionistas, as quais explicam o desenho das estruturas orgânicas, apoiando-se, embora não exclusivamente, no conhecimento de seu funcionamento.

O que acontece é uma perfeita complementação entre duas operações cognitivas diferentes. De um lado, estão as explicações selecionistas do desenho biológico, que permitem um conhecimento inacessível desde uma perspectiva puramente funcional e, de outro, estão as análises funcionais que servem de base, junto com outros elementos, para essas explicações. A explicação selecionista se constrói sobre a análise funcional, e é essa explicação que permite estabelecer etiologias e discriminações que não compete à análise funcional estabelecer.

Os defensores da perspectiva etiológica têm razão em supor que na biologia há algo mais do que meras análises funcionais sobre a contribuição que uma estrutura orgânica pode apresentar na realização de um ciclo vital. Além disso, eles também têm razão em supor que cabe explicar a

A CONCEPÇÃO PROCESSUAL DE FUNÇÃO

história dessas estruturas distinguindo entre adaptações e exaptações. Entretanto, equivocam-se ao não ver que isso é assunto dessa outra operação cognitiva chamada explicação selecionista. Porém, eu acredito que também se equivocam aqueles defensores das concepções consequenciais de função que, como Cummins (2002, p. 162), não querem reconhecer a legitimidade e a viabilidade desse último tipo de indagação (cf. El-Hani & Nunes, 2009a, p. 365 ss.; 2011, p. 189 ss.), que, por sua natureza e por seus objetivos, é irredutível à mera análise funcional. Por isso, sem incorrer no pluralismo sobre as noções de "função", devemos reconhecer que "adaptação" e "função" são noções diferentes que obedecem a operações cognitivas também diferentes. E se a primeira é própria da biologia evolucionária, a outra é fundamental na biologia funcional, incluída aí a autoecologia.[8]

---

[8] Sobre por que considerar a autoecologia como uma parte da biologia funcional e, consequentemente, como uma ciência de causas próximas, ver Caponi (2008a, p. 126 ss.).

CAPÍTULO 3

A noção de desenho biológico

As explicações selecionistas não são análises funcionais. Elas explicam os caracteres e não o funcionamento dos seres vivos. Por isso, podem ser descritas como explicações de desenho. Seu objetivo não é explicar *como* os seres vivos funcionam ou como eles interagem com o ambiente. Seu objetivo é explicar *por que* os seres vivos são como de fato são, *por que* têm a forma que têm e não alguma outra e, inclusive, *por que* interagem com o ambiente do modo que o fazem. Para alcançar esse objetivo, como já afirmei, as explicações selecionistas apelam, mas não exclusivamente, às análises funcionais que permitem inferir, embora não de um modo imediato, as pressões seletivas capazes de explicar os perfis dos seres vivos.

Em algum sentido, poder-se-ia também dizer que as explicações selecionistas são *explicações morfológicas*. Afinal de contas, elas não fazem outra coisa que explicar os caracteres das diferentes linhagens de seres vivos. Ademais, optar pela expressão explicações morfológicas evitaria alguns possíveis mal-entendidos. Embora a ideia de "desenho biológico" seja moeda corrente na linguagem técnica da biologia moderna (cf. Wainwright *et al.*, 1980; Weibel *et al.*, 1998), essas já lamentáveis peripécias da teologia natural, que hoje apelam ao desenho inteligente para explicar os perfis orgânicos, parecem ter tornado inconveniente o uso da palavra. Contudo, na ideia de desenho inteligente se faz presente uma superposição das noções de "desígnio" e "desenho" que temos boas razões para recusar.

3.1. Considerações gerais sobre os termos "desenho" e "explicação de desenho"

Como sabemos, o vocábulo inglês usado pelos atuais cultores do desenho inteligente, do mesmo modo que acontecia com os teólogos *à la* Paley, é *design*. Uma expressão cuja tradução para as línguas latinas não deixa de ser problemática. É que no português, tanto quanto no espanhol e no francês, essa palavra pode ser traduzida de duas formas: por "desígnio" ou por "desenho", no caso do português; por *"designio"* ou *"diseño"*, no caso do espanhol; e por *"dessein"* ou *"dessin"*, no caso do francês. Sendo que, nos três casos, a segunda alternativa serve para designar tanto o processo pelo qual se produz o modelo de alguma coisa quanto o próprio resultado desse processo. E igualmente, nos três casos, a primeira alternativa equivale a "intenção", ou "propósito". *Design*, em resumo, é um termo definitivamente equívoco, e essa equivocidade foi secularmente explorada pelos usuários do *argument from design* (argumento do desenho/desígnio) porque reforça a proximidade entre as ideias de "propósito" e de "desenho".

Felizmente, essa superposição não é forçosa em nossas línguas, e o idioma se empobrece ao substituir-se desenho por *design*. Distinguindo entre "desenho" e "desígnio" em português, do mesmo modo que no espanhol e no francês, pode-se pensar, ou pelo menos falar, da produção de um desenho sem um desígnio que o oriente. Para nós, em resumo, a ideia de que *a seleção natural desenha os organismos sem desígnio algum* não tem a aparência imediata de um contrassenso. Por isso, embora nem só por isso, prefiro insistir na expressão "explicação de desenho". A clareza discursiva nunca se atinge renunciando aos recursos da língua, mas sim aproveitando-os com precisão e pertinência. E acredito

A NOÇÃO DE DESENHO BIOLÓGICO

que, no caso das explicações por seleção natural, a renúncia à expressão "explicação de desenho" obrigaria ao artifício de apelar a circunlóquios e paráfrases desnecessárias para, depois dessas piruetas, acabar comunicando a mesma ideia que essa expressão já comunica adequadamente.

As perguntas sobre os perfis orgânicos que são respondidos pelas explicações por seleção natural, como mostrou Dennett (1996, p. 212-3), promovem uma hermenêutica do vivente (Caponi, 2007a) que apresenta um claro e significativo isomorfismo com isso que hoje é costumeiro chamar engenharia reversa (Caponi, 2002b). Em ambos os casos, parte-se da ideia de que os caracteres de uma linhagem de seres vivos, ou de um modelo de artefato, foram selecionados em virtude de que, em um momento dado, as configurações que exibiam esses caracteres eram a melhor alternativa efetivamente disponível para o desempenho de uma determinada função (cf. Ruse, 2009, p. 166). E esse isomorfismo que existe entre a engenharia reversa e o modo darwiniano de raciocinar torna recomendável, no meu entender, a preservação do termo "desenho" no campo das ciências biológicas.

Por outro lado, a expressão "explicação de desenho" deixa mais clara a ideia de que a seleção natural é algo diferente de um simples processo físico gerador de formas, como a erosão eólica que molda uma pedra ou o jogo de forças físicas que forma uma borbulha de óleo em um copo de água. A seleção natural não somente muda os estados dos caracteres, ela os modela, incrementando o desempenho funcional das configurações orgânicas que os encarnam. Por isso, deve ser considerada um processo produtor de desenho. Um processo cujos passos têm uma razão de ser que não é uma necessidade puramente física, como aquela que rege a conformação de uma nuvem ou a estrutura de um cristal. A biologia evolucionária formula perguntas sobre o porquê dos fenômenos que estuda, perguntas que não encontram análogo nem na física, nem na biologia funcional, nem tampouco na autoecologia, sendo a teoria da seleção natural o que legitima essas perguntas e permite respondê-las dentro das coordenadas da ciência natural (cf. Mayr, 1976, p. 360; Dennett, 1996, p. 129; Caponi, 2001, p. 24).

É preciso sublinhar, por outro lado, que aquilo que aqui estou entendendo por explicação de desenho é diferente daquilo que Arno Wouters (2007) designa com essa expressão. Para esse autor, uma explicação de desenho é uma operação cognitiva que não alude à história do sistema ou do item funcional em estudo, mas a uma correlação entre as suas partes. Conforme argumenta Wouters (2007, p. 72), uma vez estabelecido que um determinado sistema deve cumprir certas funções, a razão de ser de alguns de seus perfis ou elementos pode ser identificada ora mostrando que sem esses perfis ou elementos o sistema não poderia cumprir essas funções que lhe atribuímos, ora mostrando que essas funções seriam cumpridas com menos eficácia se o desenho do sistema fosse algum outro, sendo a isso que ele propõe chamar explicação de desenho. Assim, a presença de itens funcionais, ou a configuração geral de um sistema, é *entendida* — ou *compreendida*, como apontou Polanyi (1962, p. 360) — em virtude de sua necessidade para o cumprimento de uma função, sem que entrem em jogo considerações etiológicas.

Não pretendo, contudo, que Wouters não esteja destacando uma operação cognitiva, um tipo de análise, muito importante nas ciências biológicas. Um tipo de análise muito importante e muito comum, que produz conhecimento biologicamente relevante e que, inclusive, não foi devidamente considerado nas discussões sobre as categorias de "desenho" e "função". Somente digo que não se deve perder de vista que essas análises de desenho não constituem genuínas explica-

A noção de desenho biológico

ções causais, etiológicas, de *por que* os seres vivos são como são. Por isso acredito que seria melhor reservar a expressão "explicação de desenho" para as explicações selecionistas darwinianas. As análises de desenho, a que Wouters alude, explicam, em todo caso, por que determinados organismos ou determinadas estruturas orgânicas particulares têm que ser como de fato são, mas nada nos dizem sobre por que esses organismos e estruturas orgânicas chegaram a ser como de fato são. Essas análises de desenho permitem entender o desenho de um organismo ou de uma máquina, mas nada dizem sobre por que e como se chegou a esse desenho.

Wouters (2007, p. 79) diz, e com razão, que essas análises permitem conhecer os requerimentos que têm que ser satisfeitos pelos seres vivos para, justamente, poderem viver. Poderíamos dizer, usando a linguagem de Cuvier (1817, p. 6), que tais análises mostram as correlações entre a estrutura e a função que os seres vivos devem satisfazer para ter condição de existir (cf. Caponi, 2008b, p. 41). Mas nem por isso elas nos explicam por que essas condições chegaram a ser satisfeitas do modo particular com o qual, de fato, foram satisfeitas por alguma linhagem particular de seres vivos. Assim, embora seja óbvio que órgãos como os pulmões são recursos para a respiração aérea, sem saber que essas estruturas derivam da bexiga natatória dos peixes, nunca poderíamos explicar nem por que os pulmões são como são, nem por que eles estão ali onde estão, nem tampouco por que houve linhagens de peixes que evoluíram na direção desse modo de respiração. Assuntos esses que as explicações selecionistas darwinianas procuram esclarecer e que as análises cuvierianas, alheias a toda a história dos seres vivos, jamais colocaram.

Por isso, embora seja verdade que essas análises pertinentemente destacadas por Wouters sejam uma condição

Gustavo Caponi

fundamental para as explicações etiológicas ou evolutivas, também é verdade que tais análises não substituem essas explicações (cf. Lauder, 1998, p. 514). Uma necessidade funcional nunca basta para explicar um desenho. Isso é assim por várias razões, porque as próprias condições que impõem essas necessidades podem ser evitadas, porque nem sempre há um único modo de atender a essas necessidades, e porque as alternativas disponíveis para isso dependem, basicamente, da própria história do desenho biológico que está em estudo. Os insetos, por exemplo, exercem a respiração aérea sem pulmões. Como se diz popularmente: há muitas formas de pelar um gato.

Por outro lado, além de permitir explicar as origens dos desenhos biológicos, as explicações selecionistas também permitem justificar as atribuições de desenho. São elas que permitem dizer, não que uma estrutura cumpre uma função ou, inclusive, que é uma condição necessária para esse cumprimento, mas sim que os caracteres exibidos por essa estrutura evoluíram em virtude de um cumprimento mais eficiente dessa função. São elas, para dizer brevemente, que permitem decidir se o estado de um caráter é ou não uma genuína adaptação. Dizer isso, qualificar um caráter como uma adaptação, é justamente formular uma atribuição de desenho. É afirmar que esse caráter está naturalmente desenhado. Por isso, para poder avançar em uma compreensão cabal da ideia de desenho biológico e da natureza de sua explicação, é necessário que nos detenhamos um momento nessa distinção parte/caráter à qual já aludi na introdução.

3.2. O sovaco da cobra

A distinção parte/caráter não é imediatamente óbvia, pois o termo "caráter", conforme apontou Michael Ghiselin (2005, p. 98), "é equívoco: ele sobrepõe as partes com os atributos destas". A multiplicidade de usos que essa expressão teve, e ainda tem, no universo dos discursos biológicos (cf. Fistrup, 1992, 2001) obedece, em grande medida, a essa equivocidade. Esta se agrava, além disso, pelo fato de que "muitas das palavras que se referem a partes são usadas *atributivamente*" (Ghiselin, 1997, p. 201). É comum e correto dizer, como observa Ghiselin, que tal ou qual animal é pulmonado ou alado, coisa que facilita a superposição entre falar de partes, como pulmões ou asas, e falar de caracteres, como, justamente, pulmonado ou alado (p. 201).

Essa superposição entre parte e caráter chegou a ser tão comum e, em muitos contextos, é tão pouco perniciosa que até pode chegar a parecer que a distinção que aqui se está propondo entre ambas as noções não é mais do que um artifício escolástico ou um subterfúgio verbal. Entretanto, e como também foi observado por Ghiselin (1997, p. 201), a diferença entre uma coisa e outra fica mais clara e menos extravagante se levarmos em conta que "alguém disseca um organismo bilateral, não a sua bilateralidade, seu sistema digestivo, não a sua herbivoridade". Quer dizer, as partes dos seres vivos, os subsistemas desses sistemas que são os organismos, podem ser dissecadas, danificadas, extirpadas e incineradas, mas não acontece o mesmo com os caracteres.

Isso, segundo me parece, já nos indica que estamos falando de coisas que intuitivamente reconhecemos como distintas. Esse reconhecimento, ademais, fica mais evidente quando lembramos a distinção entre órgão e caráter a que aludia Hennig, quando dizia que "um caráter (...) pode ser também a falta de um órgão determinado". A falta de um órgão, com efeito, pode ser um caráter *apomórfico*, se o táxon, a linhagem, que apresenta essa carência pertence a um grupo cujo ancestral comum privativo possui esse caráter (Hennig, 1968, p. 129). Encontramos um exemplo disso nos membros dos ofídios, cuja ausência deve ser entendida como o estado derivado, ou *apomórfico*, de um caráter *plesiomórfico*[1] nos tetrápodes, que é a posse de quatro extremidades (Hennig 1968, p. 122; Ghiselin, 1997, p. 200). Portanto, a ausência de membros pode ser apontada como um caráter de *Ophidia* (cf. Ghiselin, 1997, p. 200). E, inegavelmente, as serpentes individuais, enquanto exemplares da linhagem *Ophidia*, *exibem* essa apomorfia. Mas não tem sentido dizer que tal apomorfia seja *uma parte* dessas serpentes. A cobra não tem sovacos.

Argutamente, Dalton de Souza Amorim define caráter como um "conceito abstrato que corresponde a uma *mudança* ocorrida em uma série de transformação com a incidência de uma ou mais mutações que alteram a forma *plesiomórfica* de uma estrutura para a forma *apomórfica*" (1997, p. 266). É nesse sentido que se diz que a ausência de membros nos ofídios ou de pelos nos cetáceos são caracteres desses táxons e dos exemplares que os integram. Assim, quando examinamos um espécime de jararaca e o consideramos como exemplar de *Ophidia*, podemos apontar nele esse caráter apomórfico que é a ausência de membros. Mas se o analisamos na sua condição de organismo, como sistema integrado por subsistemas, que são seus órgãos ou partes, seria impossível apontar nele essa ausência como se ela fosse uma parte ou subsistema integrado à totalidade orgânica.[2]

---

[1] "Apomorfia: estado derivado de um caráter" (Le Guyader, 2003, p. 119). "Plesiomorfia: estado ancestral de um caráter" (Le Guyader, 2003, p. 121).

[2] No seu *Vocabulário técnico e crítico da filosofia*, André Lalande (1947, p.

A NOÇÃO DE DESENHO BIOLÓGICO

O conceito de caráter é de natureza intrinsecamente genealógica. Um caráter é sempre uma diferença ou uma semelhança entre linhagens. Por isso, se atribuirmos um caráter a um vivente individual, isso só terá sentido se considerarmos esse vivente como exemplar de uma sublinhagem inscrita em uma linhagem mais abrangente, pois, se pensássemos esse ser vivo como mero organismo individual, esse caráter seria invisível. A apomorfia, o estado derivado, só se define por referência à plesiomorfia, o estado primitivo. Sem essa polaridade filogenética entre estado primitivo e estado derivado não há conceito de caráter.

Isso é o que Günter Wagner desconsidera quando afirma que "um caráter biológico pode ser pensado como uma parte de um organismo que exibe coerência causal, tem uma identidade bem definida e desempenha um papel (causal) em algum processo biológico" (2001, p. 3). Essa definição confunde o caráter da linhagem com a parte do organismo. A ausência de membros na serpente não cumpriria nunca esses requisitos que Wagner propõe. Entretanto, tal ausência é reconhecida como um caráter distintivo, uma autopomorfia[3] de *Ophidia*, um caráter que, por ser algo real, pode ser objeto de uma explicação evolutiva específica. Da ausência de um órgão ou de uma estrutura não se pode fazer uma análise funcional, porque uma análise dessa natureza — lembremo--nos de Cummins (1975) — consiste em apontar o papel causal que a operação de um subsistema tem no funcionamento do sistema que efetivamente o incorpora como parte. Mas dessa ausência pode ser dada uma explicação selecionista que

---

724) já definia "organismo" justamente como "ser vivo considerado sobretudo enquanto composto de partes que podem desempenhar funções".

[3] "Autopomorfia: estado derivado de um caráter particular característico de um grupo" (Le Guyader, 2003, p. 119).

mostre sob que condições, sob qual sequência de pressões seletivas, a perda dessa estrutura pôde resultar adaptativa. A falta de patas nas serpentes pode ser considerada uma adaptação dessa linhagem, mas é claro que não é uma parte das serpentes.

Uma explicação selecionista é sempre a explicação de uma apomorfia. Isso é assim até no caso das *homoplasias*. Tal como aconteceria, por exemplo, com a posse de membranas interdigitais nas extremidades posteriores que ocorre no *Chironectes minimus*, um gambá semiaquático que no Brasil é conhecido como gambá-d'água (cf. Galliez *et al.*, 2009). Essa adaptação ao nado constitui um caráter apomórfico, se comparada com a ausência dessas membranas que encontramos nas outras espécies do gênero, entre as quais também se encontraria o ancestral do *Chironectes minimus*. Todavia, esse mesmo caráter também constitui uma homoplasia, uma analogia, se comparado com a posse de membranas interdigitais por parte das lontras. Contudo, na hora de explicá-lo, sempre deveremos considerá-lo como o estado derivado de um estado anterior, ou plesiomórfico. Deveremos considerá-lo como apomorfia. A homoplasia ficará sempre reduzida a uma semelhança acidental produzida por processos seletivos diferentes que geraram apomorfias em duas ou mais linhagens independentes.

Essa última questão, entretanto, é relativamente lateral ao tema que aqui está sendo discutido. O que aqui mais nos deve importar é a distinção entre a explicação selecionista de estados de caracteres de uma linhagem e a análise funcional de partes ou processos de um sistema. Essa distinção é fundamental para entender a noção de "desenho biológico". Mas, antes de proceder à análise dessa noção, será necessário que digamos algo mais sobre a relação parte/caráter. Essas duas noções, como acabamos de ver, não devem ser confundidas.

Mas, ainda assim, é inegável que elas estão intimamente imbricadas.

As partes de um ser vivo, como já afirmei e agora repito, não são seus caracteres. A ausência de patas nas serpentes é uma ilustração clara disso. Mas esses caracteres não teriam existência alguma sem a configuração e a disposição, ou sem a ausência ou a presença dessas partes. A configuração e a disposição ou a ausência ou a presença dos componentes e processos dos seres vivos individuais não só exibem os caracteres das linhagens dos quais esses seres vivos são partes, além disso dão existência a esses caracteres. Não há caracteres sem partes, como não há linhagens de seres vivos sem organismos que possam contar como exemplares delas. Embora seja algo óbvio, isso terá que ser levado em conta quando, a seguir, elucidarmos a noção de "desenho biológico".

3.3. FUNÇÃO E DESENHO

Contudo, antes de especificar essa noção, é importante poder contar com uma definição precisa, mas ao mesmo tempo geral, de objeto desenhado. Uma definição que possa valer tanto para as ferramentas quanto para os seres vivos. Acredito que poderia ser a seguinte:

X é um objeto desenhado na medida em que algum de seus perfis seja o resultado de um processo de mudança, pautado por incrementos na eficiência com que as configurações, que exibem esse perfil, cumprem uma função dentro desse objeto.

E o que se pode entender por *função* é, simplesmente, *o papel causal que algo cumpre no desenvolvimento de qualquer processo causal ou no funcionamento de qualquer sistema*. Mas, embora essa definição de função seja, como vimos no capítulo anterior, extremamente ampla e tolerante, o conceito de objeto desenhado que se pode delinear a partir dela é muito mais restritivo. Segundo esse modo de entender o conceito de "função", qualquer processo causal pode ser analisado funcionalmente, imputando a cada um de seus elementos, ou elos, um papel causal no seu desenvolvimento. Mas, da definição de desenho recém-proposta, já se deduz que o simples fato de uma entidade cumprir uma função ou, inclusive, o fato dessa entidade resultar conveniente no cumprimento da função são insuficientes para considerar que essa entidade seja um objeto desenhado.

A Lua — volto aqui a um de meus exemplos preferidos — cumpre uma função no movimento das marés. Quer dizer, ela tem um papel causal nesse processo. Mas nada se modificou na Lua em virtude de um melhor cumprimento dessa função, nem ela está ali em virtude desse cumprimento. Por isso, não consideramos que a Lua seja um objeto desenhado. É pelo mesmo motivo, ademais, que, ao escolher pedras para fazer quicar em uma lagoa, embora constatemos que as aplainadas são mais convenientes para o cumprimento dessa função do que as mais esféricas, tampouco diremos que tais pedras sejam objetos desenhados, pois seus perfis foram modificados por agentes físicos que nada tinham a ver com o cumprimento dessa ou de outra função. Muito diferente é o que acontece, em troca, com os dispositivos tecnológicos construídos por agentes intencionais como os seres humanos e com os caracteres dos seres vivos que foram modelados pela seleção natural.

No primeiro caso, as funções em questão são os papéis que esses objetos desempenham nos processos para cuja realização foram construídos ou adotados. Dizemos que um machado paleolítico é um objeto desenhado na medida em que seus perfis foram escolhidos e modificados para melhor

A NOÇÃO DE DESENHO BIOLÓGICO

cumprir a função de cortar ou golpear. Dizemos que uma semente cultivável é um objeto desenhado na medida em que seus perfis respondem a um processo de hibridação, de seleção artificial ou de manipulação genética, tendente a incrementar seu rendimento em uma região determinada ou sua resistência a uma praga. Enquanto isso, no caso de seres vivos não submetidos a nenhum destes últimos processos diremos que estão desenhados na medida em que seus caracteres se modificaram, por seleção natural, em virtude de que essas modificações estavam associadas ao melhor cumprimento de alguma função biológica. Por função biológica, recordemo-lo, não devemos entender outra coisa que o papel causal que as estruturas ou fenômenos orgânicos desempenham na realização do ciclo vital de um organismo determinado.

Insisto, todavia, que *possuir uma função* não é o mesmo que *estar desenhado* ou que *ter uma razão de ser*. Por isso, embora uma estrutura orgânica possa cumprir uma função no ciclo vital de um organismo, não se dirá que ela está desenhada para essa função, enquanto não se comprovar que ela exibe um caráter que se modificou em virtude de um cumprimento mais eficaz do papel causal desempenhado por essa estrutura no interior desse ciclo vital. Incidentalmente, o aroma que produz uma planta ao metabolizar uma substância tóxica que está poluindo o terreno no qual ela cresce pode ajudá-la a afugentar insetos que acabam de invadir a região e, então, poder-se-á dizer que esse aroma acabou tendo uma função importante no ciclo vital da planta. Mas, embora seja assim, não poderemos dizer que a capacidade de produzir esse aroma seja uma característica desenhada. Essa capacidade não surgiu como resposta à pressão seletiva exercida pela praga. Embora útil como proteção, não é uma adaptação para o cumprimento dessa função.

No que respeita a essa função, tal capacidade só será uma mera, embora oportuna, exaptação. Depois, é claro, se a praga tornar-se uma presença constante e a capacidade de gerar esse aroma protetor apresentar uma variabilidade hereditária, tal que faça com que algumas plantas sejam capazes de produzir um aroma mais intenso e mais eficaz como repelente de insetos que o produzido pelas outras, aí, sim, estaremos ante o surgimento de uma pressão seletiva que irá premiar qualquer modificação metabólica hereditária que incremente essa capacidade. Essas modificações, ao serem promovidas por uma pressão seletiva, poderão ser consideradas como adaptações, quer dizer, como traços naturalmente desenhados.

Em síntese, um caráter é um perfil (naturalmente) desenhado, é uma adaptação, se e somente se foi modificado por seleção natural, em virtude de que essa modificação permitia o cumprimento mais efetivo de alguma função biológica por parte das configurações orgânicas que o exibiam. Quer dizer, pode-se considerar um caráter X como estando (naturalmente) desenhado para desempenhar a função y se e só se são cumpridas as seguintes condições:

(1) y é uma função biológica das configurações orgânicas x que exibem X;

(2) o estado X é produto da seleção natural, o que significa que as configurações orgânicas que exibiam X foram mais eficientes na realização de y do que aquelas que exibiam outros estados de caráter alternativos a X.

Assim, se pudermos estabelecer que alguns dos perfis de uma estrutura orgânica exibem estados de caracteres, que foram selecionados em virtude do melhor desempenho no cumprimento de alguma função relevante para o ciclo vital de seus portadores, então, e somente então, poderemos dizer que essa estrutura é uma estrutura desenhada em razão do cumprimento dessa função. Por isso, embora uma estrutura orgânica qualquer desempenhe uma função relevante na realização do ciclo vital de um determinado organismo, se ela não exibir um caráter selecionado para o cumprimento dessa função, ou se seus perfis não foram modificados em virtude desse desempenho, não poderemos dizer que ela esteja desenhada para cumpri-la. Estar desenhado não é o mesmo que ser conveniente ou adequado para o cumprimento de uma função. Estar desenhado implica ter sido modificado ou construído em virtude desse desempenho e dessa conveniência.

Por isso, é possível dizer que as estruturas vestigiais, que hoje não cumprem nenhuma função, também exibem caracteres desenhados. Elas exibem estados de caracteres que merecem o qualificativo de adaptações. Tal o caso, por exemplo, do apêndice intestinal em *Homo sapiens*. Esse caráter pode ser considerado uma adaptação, ainda que concluamos que os apêndices intestinais já não desempenham, e possivelmente há muito tempo, função biológica relevante (cf. Sterelny & Griffiths, 1999, p. 217-8). Essa estrutura desempenhava uma função no passado de nossa linhagem, e sua forma evoluiu em virtude dessa função. Por isso, é possível dizer que está desenhada, como também dizemos que uma adaga de Toledo, que há décadas ou séculos dorme *"su sueño de tigre"* como adorno em uma vitrine e que já ninguém a usa para matar, está, ainda assim, desenhada para essa função. Ao distinguirmos os conceitos de "adaptação" e "função", o problema do caráter mais ou menos recente, que deve ter as pressões seletivas que permitiriam justificar uma imputação funcional, dissolve-se, embora sigam multiplicando-se os olvidáveis e quase indistinguíveis *papers* em que se discute essa questão. É óbvio, por outro lado, e não pretendo ocultá-lo, que essa definição de caráter naturalmente desenhado aqui proposta assemelha-se muito à definição de estrutura naturalmente desenhada proposta por Collin Allen e Marc Bekoff (1998, p. 578). De fato, é nela que me apoiei para delinear a definição que proponho. Segundo esses autores, podemos caracterizar uma estrutura x como estando (naturalmente) desenhada para fazer y, se forem cumpridas as seguintes condições:

(1) y é uma função biológica de x;

(2) x é o resultado de um processo de mudança (anatômico ou comportamental), devido à seleção natural, que levou a que x seja superior, ou mais bem adaptada, para fazer y do que as suas versões ancestrais.

Mas, diferentemente do que acontece com a definição proposta por Allen e Bekoff, minha definição de caráter naturalmente desenhado não somente contempla a distinção entre caráter de linhagem e configuração orgânica, mas, além disso, evita o erro de pressupor uma concepção etiológica do conceito de "função" (cf. Allen & Bekoff, 1998, p. 574).

É que, se não evitarmos o recurso à concepção etiológica do conceito de "função", além de assumirmos todas as dificuldades que essa concepção implica e que já foram examinadas no primeiro capítulo, estaríamos também incorrendo em algo próximo a uma circularidade. Estaríamos definindo a noção de "desenho" a partir da noção de "função", coisa que está correta, mas também estaríamos definindo a noção de "função" a partir da noção de "desenho". E isso seria assim porque, para a concepção etiológica, ter a função x e haver-se originado ou modelado para desempenhá-la são a mesma coisa (cf. Kitcher, 1998, p. 479; El-Hani & Nunes, 2009a, p. 356). Ao contrário, se apelarmos à ideia de função como papel causal, a noção de "desenho" pode ser definida a partir do conceito de "função", sem cair no pleonasmo denunciado por Ulrich Krohs (2009, p. 73).

3.4. A EFICÁCIA COMO SIMPLES EFETIVIDADE

Note-se, por outra parte, que a própria noção de eficiência no cumprimento de uma função também é anterior à noção de "desenho" e independente desta. Podemos dizer que as pedrinhas aplainadas são mais eficientes para quicar na água do que as arredondadas, mas isso tampouco implica que essas pedras tenham sido modeladas para essa nobre função. Também podemos dizer que a substância cheirosa produzida por uma planta, ao metabolizar uma substância tóxica que está poluindo o terreno em que ela cresce, é mais eficiente para afugentar os insetos que acabam de invadir a região do que a produzida por outra planta que também cresce ali, sem que isso suponha a hipótese de que o efeito protetor dessa excreção tenha sido premiado ou acentuado pela seleção natural.

De fato, para que a própria seleção natural possa ocorrer, é necessário que existam diferenças de eficiência no modo pelo qual diferentes variantes herdáveis de uma estrutura no interior de uma população permitem desempenhar uma determinada função. Para a existência de uma pressão seletiva são sempre necessários dois elementos. Por um lado, é necessário o fator ambiental, que pode ser uma ameaça ou uma oportunidade para os seres vivos envolvidos. Mas, por outro lado, também é necessária a existência de variantes hereditárias, dois ou mais estados possíveis de um caráter exibidos por distintos membros da população, que propiciem respostas melhores ou piores a essa ameaça, ou propiciem um aproveitamento maior ou menor dessa oportunidade.

As variáveis ecológicas, por si próprias, não configuram pressões seletivas. Um veneno que mate indiscriminadamente ou um recurso do qual todos podem valer-se por igual constituem, é claro, variáveis importantes do ambiente ecológico de uma população. Mas elas não definem o ambiente seletivo que orienta a evolução da linhagem à qual essa população pertence (cf. Brandon, 1990, p. 172; Caponi, 2008a, p. 127). Por isso, para que as explicações selecionistas possam ser construídas, é mister que essas diferenças sejam previamente conhecidas. Do mesmo modo que as imputações funcionais, as comparações de eficácia preexistem às explicações selecionistas.

O que ocorre, em realidade, é que a noção de eficiência (eficácia) é só um caso particular da noção de efetividade. Para fazê-las quicar na água, as pedras aplainadas são mais efetivas do que as pedras arredondadas, e a substância produzida por uma planta é mais efetiva como repelente de insetos do que a produzida por outra. O veneno de uma cobra, por outro lado, pode ser mais efetivo que o veneno de outra cobra e, dependendo do ponto de vista em que nos colocarmos, descreveremos essa maior efetividade como maior eficiência ou como maior periculosidade. Mas, em ambos os casos, estaremos dizendo basicamente a mesma coisa. Em ambos os casos estaremos comparando a efetividade de dois elementos na produção de um determinado processo causal ou na produção de processos causais similares. E algo semelhante ocorre com expressões como "mais danoso que", "mais prejudicial que", "mais nocivo que" ou "mais pernicioso que".

Se alguém disser que, no que tange ao desenvolvimento de alguns tumores cancerosos, um agroquímico produzido pela Monsanto é mais prejudicial do que seu análogo produzido pela Bayer, essa afirmação pode ser traduzida sem perda nem ganho de significado ou informação se dissermos que, pelo menos no que diz respeito a esses tumores, o agroquímico da Monsanto é um cancerígeno mais efetivo do que o agroquímico da Bayer. Os dois agroquímicos, estamos supondo,

A NOÇÃO DE DESENHO BIOLÓGICO

podem ter uma função, um papel causal, no surgimento de alguns tumores. Mas a esse respeito um deles, conforme estamos dizendo, é mais efetivo, ou mais danoso, do que o outro, pois desencadeia danos e reações que podem levar ao surgimento de um tumor com maior frequência, rapidez e intensidade do que seu competidor no mercado.

Mas tudo isso não quer dizer, é claro, que ambos os produtos tenham sido desenhados para cumprir essa função cancerígena. Eles foram desenhados para matar ervas que comprometiam cultivos. Seus componentes químicos, consequentemente, foram, de maneira inocente ou irresponsável, escolhidos para o melhor cumprimento dessa função herbicida. Se não suspeitarmos que a Monsanto e a Bayer agiram obedecendo ao interesse de aumentar a venda de quimioterápicos antitumorais, diremos que só foi por um acidente ou por pura irresponsabilidade que esses agroquímicos transformaram-se em cancerígenos mais ou menos efetivos.

3.5. PROCESSOS DE DESENHO

Do dito até aqui também se pode extrair, por outro lado, uma definição de *processo de desenho*. Este é justamente um processo orientado pela detecção e reforço da efetividade do desempenho funcional de um elemento no interior de um sistema. A erosão hídrica que modelou algumas pedras, tornando-as progressivamente mais adequadas para seu uso como projéteis, não foi, nesse sentido, um processo de desenho. Esse processo não registrou tal incremento no possível desempenho das pedras como projéteis, tampouco se direcionou pela sua progressiva acentuação. Tampouco é um processo de desenho o incremento da umidade do ar que aumenta a capacidade deste de conduzir descargas elétricas. O ar funciona como condutor dessas descargas, e o incremento da umidade aumenta essa condutibilidade. Mas esse incremento da umidade não esteve nem pautado, nem ordenado, nem direcionado, de nenhum ponto de vista, por esse aumento da eficiência do ar no desempenho de sua habitual função condutora.

O trabalho de talhar uma pedra realizado por um homem para fazer dela um machado, este, sim, é um processo de desenho. O entalhador vai escolhendo perfis da pedra que possam prestar-se à forma e ao uso que quer dar a essa ferramenta, e vai modelando esses perfis para melhor adequá-los a esse uso. Mas, embora isso seja evidentemente um processo de desenho, a produção acidental de lascas de pedra, que se desprendem da peça que está sendo esculpida, não é. Mesmo que essas lascas depois possam servir para fazer punções utilizados na costura do couro. Quer dizer, a pedra com a qual se iniciou todo o processo, embora certamente tenha sido escolhida por sua forma conveniente, funcional, não é um objeto desenhado. Ela não é o resultado de um processo de desenho. Como tampouco o são, por outro lado, as lascas que se desprendem dela durante o trabalho, embora estas depois também se mostrem convenientes para a manufatura de outras ferramentas.

O martelar sobre a pedra é um processo de desenho no que tange ao machado, mas não é um processo de desenho no que tange às lascas. Com relação a estas, esse martelar é semelhante à ação da água sobre as pedras. Quando a obtenção ou o incremento de um desempenho funcional está só do lado dos efeitos de um processo, este não é um processo de desenho. Para que o seja, é necessário que, de alguma forma, esse incremento esteja do lado das causas que ordenam e pautam esse processo. A noção de desenho, com efeito, é uma noção etiológica. Isso nós vemos no que muitas vezes acontece com nossos sapatos depois de um ano de "andá-los". O uso, com o tempo, produz modificações neles que, em geral, os fazem mais confortáveis. Mas ninguém dirá que essas mudanças são melhoras no desenho. Essas mudanças são, simplesmente, deformações produzidas por um processo totalmente alheio a essa eventual melhora funcional. O uso, embora muitas vezes incremente, e de um modo pronunciado, a funcionalidade dos objetos utilizados, não é um processo de desenho. Nunca queiramos fazer da miséria uma virtude.

A seleção natural, ao contrário, é um processo de desenho (cf. Dennett, 1995, p. 187 ss.; Caponi, 2002b, p. 15 ss.). Ela vai modificando os caracteres das diferentes linhagens de seres vivos seguindo, de uma maneira oportuna e minuciosa, o caminho que lhe marcam, que lhe impõem, pequenas, ou não tão pequenas, diferenças e incrementos do desempenho funcional das configurações orgânicas que exibem esses caracteres. A seleção natural registra e acentua, por acumulação, essas diferenças no cumprimento do que aqui chamei funções biológicas, e ela só age em virtude dessas diferenças. Dennett (1995, p. 185) afirma, por isso, que "o trabalho feito pela seleção natural é *pesquisa & desenvolvimento*", enquanto Francisco Ayala (2004, p. 52) usou a feliz fórmula "desenho sem desenhista" para referir-se ao resultado desse processo, estrita e claramente pautado pelo incremento da efetividade com que se cumprem diferentes funções biológicas.

3.6. Função e adaptação: duas ontologias diferentes

Da apomorfia das serpentes, que é a ausência de extremidades, pode-se dizer que está naturalmente desenhada, porque foi a seleção natural que a gerou, em virtude de que a configuração anatômica que a exibe aperfeiçoa uma forma de locomoção adequada às estratégias de sobrevivência desenvolvidas por esses tetrápodes. Essa apomorfia é, portanto, uma adaptação, embora a ausência de extremidades não tenha, em sentido estrito, nenhuma função. O que tem função é a configuração ou disposição morfológica que exibe essa apomorfia. Mas que não se pense que tudo isso não seja mais do que um desfrute pueril do paradoxo. O que ocorre é que devemos evitar a confusão entre dois níveis de discurso, aquele no qual se desenvolvem as análises funcionais e aquele em que se formulam as explicações por seleção natural.

As análises funcionais apontam para os ciclos vitais dos seres vivos individuais, tentando determinar como as diferentes partes, comportamentos e processos fisiológicos desses organismos contribuem para a realização desses ciclos. A fisiologia, a biologia do desenvolvimento *tout court* e a autoecologia são os espaços disciplinares específicos dessas análises cujo domínio é o das *causas próximas* (Mayr, 1976; Caponi, 2001, 2002a) dos fenômenos biológicos. E, sobretudo, se pensarmos no caso da autoecologia, também poderíamos estender essas análises funcionais aos recursos que os diferentes seres vivos necessitam para sobreviver e reproduzir-se. Os polinizadores de uma planta têm, sem dúvida, uma função importante no ciclo vital da planta que polinizam. Enquanto isso, as explicações por seleção natural apontam para o devir das diferentes linhagens de seres vivos, e seu domínio é o das *causas remotas* dos fenômenos biológicos (Mayr, 1976; Caponi, 2001, 2002a). Por isso, embora essas explicações não possam deixar de utilizar as análises funcionais da fisiologia, da biologia do desenvolvimento e, sobretudo, da autoecologia, não devem nunca ser confundidas com elas (Caponi, 2008b).

A NOÇÃO DE DESENHO BIOLÓGICO

Diferentemente do que ocorre com as explicações selecionistas, as análises da fisiologia, da biologia do desenvolvimento e da autoecologia não são de natureza histórica (cf. Morange, 2011, p. 149). Para dizê-lo graficamente, elas poderiam ser desenvolvidas no mundo plano — sem profundidade temporal ou de qualquer outra natureza — do desenho inteligente. Para entender a função do coração, de uma etapa da ontogenia ou de um comportamento, não é necessário ser um evolucionista. Basta examinar o ciclo de vida de um organismo para daí inferir qual é a possível contribuição causal, nesse ciclo de vida, dessa estrutura, processo, momento ou comportamento que estamos examinando. Essa, obviamente, não é uma tarefa fácil. Mas, por si própria, ela não dá lugar a uma explicação por seleção natural. Para ingressar no plano das explicações por seleção natural é necessário que os seres vivos deixem de ser olhados como meros organismos e passem a ser considerados como exemplares de linhagens. É só aí, a partir dessa perspectiva histórica, ou genealógica, que as noções de caráter, estado de caráter e adaptação ganham sentido.

Uma adaptação não é uma estrutura que cumpre uma função. É o estado derivado de um caráter, uma apomorfia, resultante da seleção natural. E esta é uma força cujo acionar só se registra no plano das linhagens (Caponi, 2008a). A seleção natural não modifica organismos, modifica linhagens. Ela não modifica partes de organismos, modifica caracteres de linhagens. Por isso, são os estados desses caracteres assim modificados que podem ser entendidos como adaptações. Por muito que se analise um organismo, se distingam as suas partes e se tente identificar a possível contribuição destas no seu ciclo vital, nem por isso estarão sendo identificadas adaptações. Para que isso seja possível, é necessário que essas partes sejam consideradas como exibindo estados de caracteres. Mas isso só se consegue assumindo uma perspectiva histórica, evolutiva.

Um estado de caráter é ora derivado, ora primitivo, apomórfico ou plesiomórfico (cf. Le Guyader, 2003, p. 45). E só quando determinamos que realmente estamos perante o estado derivado de um caráter é que nós podemos formular a "escandalosa" pergunta darwiniana fundamental: por que a apomorfia e não simplesmente a plesiomorfia?[4] É muito possível que a resposta tenha algo a ver com a seleção natural. Quer dizer, para que se possa reconhecer as estruturas biológicas como objetos desenhados, e não como simples objetos ou sistemas funcionais, será preciso assumir uma perspectiva evolutiva. Primeiro teremos que reconhecer os perfis dessas estruturas como exibindo estados derivados de um estado primitivo, para depois determinar se foi ou não a seleção natural que patrocinou essa modificação.[5]

A noção histórica, a noção realmente etiológica, não é, portanto, a noção de "função". Esta, conforme já disse, opera muito bem no mundo a-histórico de disciplinas como a fisiologia e a autoecologia. As noções eminentemente históricas são as de "adaptação" e "desenho biológico". Estas só têm sentido quando, no lugar de falar simplesmente de partes, atributos, comportamentos ou processos observáveis em organismos ou em conjuntos de organismos, passamos a falar desses organismos considerando-os como exemplares de li-

---

[4] Digo "escandalosa" porque a mera possibilidade de sua formulação sempre levantou mais polêmicas e reclamações do que aquela outra pergunta mais altissonante, ainda que no final das contas mais anódina, *por que o ser e não simplesmente o nada?*

[5] A mudança do estado de um caráter pode obedecer a outros fatores diferentes da seleção natural e da seleção sexual. Ela pode ser também causada por migração e por deriva gênica e, nestes dois últimos casos, não caberia falar de um efeito de desenho.

nhagens que exibem estados de caracteres. São os caracteres, em resumo, que podem chegar a ter uma razão de ser. Das partes, só se pode dizer que têm uma razão de ser na medida em que consideramos que as suas configurações exibem estados de caracteres que a tenham. Mas sempre se tratará, por assim dizer, de um modo equívoco de falar.

3.7. As apomorfias não podem ser tocadas

As explicações evolutivas são sempre explicações de estados de caracteres. Explicações de apomorfias, no caso das explicações por seleção natural, seleção sexual, deriva genética ou migração. De plesiomorfias, quando se apela à filiação comum ou às constrições do desenvolvimento (cf. Caponi, 2010, p. 25). No primeiro caso, explica-se a alteração de um caráter. No segundo caso, sua preservação. Levar isso em conta pode contribuir para clarificar aquele problema que Richard Lewontin (1982, p. 145) levantou, já há muito tempo, com relação a essa necessidade, que, segundo ele, teriam as explicações por seleção natural, de dividir um organismo em partes diferentes. Essa divisão, conforme Lewontin afirmava, obedeceria a decisões aprioristicas e um pouco arbitrárias. "É a mão a unidade de evolução e função?", perguntava-se ele, "ou o dedo, ou uma falange?" (Lewontin, 2000, p. 77).

A questão pode parecer intrigante. Mas eu acredito, humildemente, que está mal colocada. Ela supõe a sempiterna confusão entre *falar de partes* e *falar de caracteres*. O alvo de uma explicação selecionista, como acabamos de ver, está dado sempre por uma mudança no estado de um caráter. Ali onde se constata uma apomorfia é onde se pode perguntar: por que esse estado derivado e não o estado primitivo? E não é improvável que a resposta para essa questão resida em uma pressão seletiva que seria mister identificar. Sem referência à plesiomorfia, ao estado primitivo do caráter, não há modo de perceber a apomorfia para ser explicada. Mas é justamente essa referência — e esse contraste entre o estado primitivo e o estado derivado do caráter — que permite que a pergunta adaptacionista seja corretamente formulada sem maior risco de arbitrariedade. Esse contraste entre os dois estados de um caráter, o apomórfico e o plesiomórfico, fixa um alvo definido para as explicações selecionistas.[6]

Pode-se dizer, por isso, que o que Lewontin não viu foi, precisamente, aquilo sobre o que tanto se insistiu aqui, a saber, as adaptações não são partes de organismos. As adaptações são estados de caracteres passíveis de ser explicados por seleção natural. Para dizê-lo de outro modo, elas devem ser sempre entendidas como caracteres de linhagens, e não como partes de um corpo. Ninguém come uma adaptação; ninguém come uma apomorfia do modo como se come a coxa de um frango ou o presunto de um porco. As coxas, às vezes, podem ser tocadas. As apomorfias, nunca, ainda que possam ser exibidas. Ter em conta essa diferença, que Lewontin e muitos outros negligenciaram, é essencial para entender aquilo que foi o tema central deste capítulo: a distinção entre as *explicações de desenho biológico*, que são explicações de estados de caracteres, e as *análises funcionais das partes orgânicas*. As perplexidades de Lewontin e as dificuldades que a concepção etiológica de função não deixa de apresentar têm a ver com o fato de ter ignorado a diferença existente entre esses dois níveis de discurso, o evolutivo e o funcional.

---

[6] Seria possível considerar os estados alternativos de caracteres como sendo essas unidades de seleção cuja identificação tanto tem atribulado os filósofos da biologia (cf. Jablonka & Lamb, 2009, p. 60).

CAPÍTULO 4

O discurso funcional na ecologia

A ubiquidade do discurso funcional na ecologia faz pensar que, nessa disciplina, a preservação ou a geração de alguns processos ou ordenamentos particulares ocupa um lugar análogo àquele ocupado pela preservação e geração do organismo individual na fisiologia. Isso permite que nos perguntemos se aí está ou não implicada uma insustentável representação *organicista* dos sistemas ecológicos. Essa representação, mais ou menos moderada, teve, afinal de contas, muitos defensores e exerceu uma marcada gravitação na história da ecologia.[1] Por isso, a ubiquidade do discurso funcional que, conforme afirmo, caracteriza essa disciplina, poderia ser vista como o vestígio, ilegítimo e, em última instância, pernicioso, desse modo *organicista* de entender as populações, as comunidades e os ecossistemas.

Entretanto, uma coisa é afirmar que a ecologia analisa os sistemas e processos que vão além dos fenômenos analisados pela autoecologia,[2] referindo-os sempre a algo que, em algum

---

[1] A respeito disso, ver McIntosh (1985, p. 75), Kwa (1986, p. 169), Acot (1988, p. 202), Deléage (1991, p. 94-8, 119), Drouin (1993, p. 138), Brewer (1994, p. 372), Bowler (1998, p. 391), El-Hani & Nunes (2006, p. 32-3).

[2] Ainda que não totalmente, nessa discussão deixarei um pouco de lado a autoecologia, porque esta, em algum sentido, é algo assim como uma fisiologia "extramuros". O que preocupa a autoecologia é como uma determinada estrutura, comportamento ou recurso contribui para a realização do ciclo vital de um ser vivo em um ambiente determinado. Aí, como ocorre no caso da fisiologia *tout court*, a pertinência e a relevância das análises funcionais não parecem envolver maiores dificuldades.

sentido, poderia ser considerado como um *estado privilegiado* (cf. Rosenfeld, 2002, p. 157; El-Hani & Nunes, 2009b, p. 71, 2011, p. 194), e outra coisa é afirmar que os ecólogos pensem esses sistemas e processos, que estão acima do vivente individual, como se também fossem totalidades orgânicas, ou partes dessas totalidades. O primeiro caso, como espero poder mostrar neste capítulo final, não implica necessariamente o segundo. E é justamente essa referência permanente e constitutiva a estados privilegiados, e não uma representação organicista dos sistemas e processos ecológicos, que explica que a ecologia, assim como a fisiologia, também seja uma disciplina pautada por uma perspectiva eminentemente funcional, que fica plasmada em seu discurso e em seus conceitos fundamentais.

Ambas as disciplinas, a ecologia e a fisiologia, sustentarei aqui, consideram os fenômenos em virtude da oposição *ordem improvável/desordem provável*. E é no contexto dessa polaridade, passível de ser entendida apelando para a noção de "ideal de ordem natural" proposta por Stephen Toulmin (1961), que deve ser situada a referência a estados privilegiados que fornece à perspectiva funcional própria da ecologia sua legitimidade definitiva e sua razão de ser mais profunda. Mas, antes de proceder à elucidação dessa referência a estados privilegiados, que afirmo ser constitutiva da ecologia, deter-me-ei a analisar alguns aspectos particulares do discurso funcional dessa disciplina, tentando mostrar que ela tampouco pressupõe que os sistemas e os processos ecológicos devem ou podem ser considerados como sistemas e processos que mereçam o qualificativo de naturalmente desenhados.

Assim, apoiando-me na já discutida concepção processual do conceito de função e no conceito de desenho examinado no capítulo anterior, neste último capítulo ensaiarei inicial-

O DISCURSO FUNCIONAL NA ECOLOGIA

mente uma primeira e parcial clarificação da legitimidade e da razão de ser do discurso funcional na ecologia e, a seguir, essa primeira análise será complementada pela elucidação dessa referência tácita, mas permanente, a estados privilegiados que, conforme sustento, constitui a razão de ser mais profunda e definitiva desse discurso funcional. O problema central da ecologia, direi então, é explicar como se sustentam e repetem certos processos e ordenamentos da biosfera, malgrado sua relativa improbabilidade. É no horizonte dessa preocupação pela sustentação e pela reiteração do improvável que os diferentes subprocessos e elementos que integram esses processos e estados de coisas maiores são analisados. Eles são examinados procurando identificar a sua contribuição causal, a sua função, na sustentação e na eventual recorrência desses processos e estados de coisas maiores cuja possibilidade é considerada problemática e, por isso, digna de explicação.

4.1. Duas considerações preliminares

Já foi mostrado aqui que, se aceitarmos a concepção sistêmica de função e deixarmos de lado a chamada concepção etiológica desse conceito, deveremos aceitar também que todo processo ou sistema complexo pode ser funcionalmente analisado. Sempre se podem discriminar subprocessos ou subsistemas mais simples no interior desse processo ou sistema mais complexo mostrando como é que os primeiros intervêm na ocorrência ou no funcionamento do último (cf. Cummins, 1975, p. 762). Por isso, assumindo essa ideia, a ocorrência de análises funcionais particulares em qualquer domínio de pesquisa não tem nada de muito espantoso ou problemático. Mais ainda, eu diria, inclusive que uma medida, epistêmica ou metodológica, da complexidade de qualquer sistema ou processo, seja este natural ou social, é a relevância ou a utilidade, e não a legitimidade, que no seu estudo possa ter o uso de análises funcionais.

Qualquer processo ou sistema pode ser funcionalmente analisado. Mas nem para todos os casos essa análise será igualmente relevante ou útil. Pode-se dizer que um aumento da densidade do líquido, no qual flutua um corpo, teve uma função, um papel causal, no incremento do empuxo sofrido por esse corpo. Mas isso é simplesmente um corolário imediato daquilo que um conhecimento nomológico, já disponível, permite oferecer como explicação causal desse fenômeno. Nessa imputação funcional não parece haver nenhum ganho cognitivo efetivo. Em troca, no estudo de um processo causal mais complexo, como pode ser uma catástrofe aérea, confirmar que o uso de telefones celulares pelos passageiros teve, efetivamente, uma função, um papel causal, no enguiço de um sistema do avião acidentado constituiria, efetivamente, um enorme ganho cognitivo.

Nesse caso, embora a interferência do sinal de celular no circuito do sistema afetado fosse um fenômeno para o qual, por fim, pudéssemos dar uma explicação física fundada em leis já conhecidas, a hipótese de que essa interferência podia existir e de que era capaz de desencadear um acidente não se derivaria imediatamente de nenhuma lei ou teoria preestabelecida, sendo também muito possível que essa hipótese tampouco fosse facilmente dedutível de nosso conhecimento prévio sobre o funcionamento dos celulares e do sistema afetado no avião acidentado. Evidentemente, a corroboração desse papel causal do uso de celulares no acidente ocorrido, quer dizer, a justificação dessa imputação funcional, traria um ganho cognitivo efetivo. Por isso, quando o conjunto de condições antecedentes de um fenômeno é muito complexo e não se conta com um conhecimento nomológico bem delimitado, que nos permita determinar e discriminar quais foram efetivamente os papéis causais dessas condições antecedentes na ocorrência desse fenômeno, sempre somos levados a raciocinar funcionalmente. Embora depois traduzamos nossas conclusões em uma linguagem que omite toda imputação funcional explícita.

Mas uma coisa é o fato de que, em um domínio qualquer de pesquisa, possam vir a ocorrer análises funcionais particulares, como aquela que o geólogo realiza quando atribui uma função, um papel causal, à erosão hídrica na formação de uma quebrada, e outra coisa é o fato de que uma disciplina, como é o caso da fisiologia, esteja ordenada, toda ela, por uma perspectiva funcional. Isso nos indica algo sobre os objetivos cognitivos específicos desse domínio de pesquisa. A fisiologia, como já sabia Claude Bernard (1878, p. 371), é, fundamentalmente, uma ciência de funções (cf. Lalande, 1947, p. 780; Keller, 2010, p. 27). Seu objetivo cognitivo específico não reside tanto em conhecer as causas antecedentes dos fenômenos orgânicos, mas em determinar as suas funções, os seus papéis causais, os seus efeitos, na preservação desse sistema que é o organismo individual (cf. Goldstein, 1951, p. 339; Caponi, 2007a, p. 449).

Entretanto, como já observei no início deste capítulo, o que vale para a fisiologia também parece valer, de algum modo e em alguma medida, para a ecologia. Conceitos tão fundamentais para esta disciplina como os de organismos produtores, organismos consumidores e organismos decompositores são, todos eles, de natureza eminentemente funcional. Eles aludem fundamentalmente ao papel causal desses organismos no funcionamento de um ecossistema (cf. Odum, 1988, p. 13). Mas o mesmo acontece com outros conceitos menos gerais, como o de predador ou o de polinizador (cf. Gayon, 2010, p. 134). Estes últimos aludem à função de uma população dentro de uma comunidade biótica (cf. Sergio *et al.*, 2008; Tilman *et al.*, 1997). Ali, caracterizar uma espécie como polinizadora não é indicar que ela viva da polinização, porque, de fato, nenhuma espécie vive de prestar serviço a outra. Dizer que uma espécie é polinizadora implica atribuir a ela uma função dentro do processo de polinização de outra ou de outras espécies.

Mas essa perspectiva funcional que atravessa e ordena o discurso da ecologia fica mais evidente ainda em uma noção como a de *redundância funcional* (cf. Rosenfeld, 2002). Esta alude, justamente, ao fato de que duas populações de espécies diferentes podem desempenhar o mesmo papel, ou papéis muito semelhantes, no funcionamento da comunidade ou do ecossistema que ambas integram (Ricklefs, 2003, p. 449; El-Hani & Almeida, 2006, p. 34; Gayon, 2010, p. 134). Assim, se uma delas desaparece desse sistema, ou seu número decresce, sua função pode ser desempenhada pela outra. Circunstância que permite pensar, inclusive, na possibilidade de que a extinção de determinadas espécies em alguns ecossistemas possa ser compensada pela importação de espécies funcionalmente análogas (cf. Donlan *et al.*, 2006; Donlan, 2010).

Mas, embora a linguagem funcional seja moeda corrente na ecologia, sua legitimidade, como já falei, pode gerar dúvidas e resistências. Poder-se-ia pensar que isso é, unicamente, uma simples maneira de falar. Uma maneira de falar algo equívoca, que, se difícil de evitar, seria melhor não levar muito a sério. E acredito que, além da associação entre discurso funcional e organicismo, outro dos motivos principais das suspeitas suscitadas pelo discurso funcional da ecologia radica no fato de que se tende a associar, e até a confundir, análises funcionais com atribuições de desenho.

Mas a simples definição geral de objeto desenhado que foi proposta no capítulo anterior já nos mostra a incorreção dessa superposição. Que um sistema ecológico possa ser funcionalmente analisado e que seus componentes possam ser funcionalmente comparados em termos de eficiência não implica a presunção de que tenham sido desenhados, nem sequer no sentido de naturalmente desenhados.

4.2. Função, eficácia e desenho na ecologia

O fato de que na ecologia possam existir termos, imputações e análises funcionais é compreendido facilmente a partir da própria noção de função como papel causal. A princípio, e como já afirmei muitas vezes, todo processo causal pode ser funcionalmente analisado (cf. El-Hani & Nunes, 2006, p. 42; Gayon, 2010, p. 134). De fato, quanto mais complexo é o processo, mais relevantes são as imputações de papéis causais, ou funções, que poderemos vir a fazer no nosso empenho por explicar como é que tal processo pôde efetivamente ocorrer. Asseverar que uma determinada espécie de inseto é polinizadora de tal ou qual planta é o mesmo que dizer que esse inseto tem uma função, um papel causal, no processo de fertilização dessa planta. E afirmar que para determinadas plantas esse inseto é um polinizador mais eficiente do que outro significa dizer que seu comportamento e sua morfologia promovem essa polinização com maior segurança e frequência.

Mas isso não quer dizer que a maior eficiência no cumprimento dessa função polinizadora deve ser considerada como efeito de um processo de desenho. Ela não surgiu de um processo que tenha sido pautado por reforços sucessivos de seu incremento progressivo. A morfologia e o repertório comportamental desses insetos, é verdade, podem ser considerados — em sua maior parte, se assim o quisermos — como resultado da seleção natural. Processo ao qual já caracterizei como produtor de desenho. Podemos supor, com efeito, que foi a seleção natural que ajustou essa morfologia e afinou esse repertório comportamental, reforçando e acumulando modificações que permitiam um melhor desempenho no cumprimento das diferentes funções biológicas que esses insetos devem cumprir para sobreviver. Mas entre essas funções não estava, certamente, a polinização — embora talvez estivesse o melhor aproveitamento — da planta em questão. Essa polinização era invisível para as pressões seletivas que atuaram sobre essa linhagem de insetos. A morfologia e o repertório de comportamentos destes, que, por um efeito colateral, tornaram-nos polinizadores mais eficientes do que outros, resultaram de pressões seletivas alheias às necessidades das plantas que deles se beneficiaram.

Podemos imaginar, por exemplo, que, em grande medida, a eficiência polinizadora desses insetos obedece à singular configuração das suas extremidades. Mas seria impossível imaginar uma pressão seletiva capaz de premiar essa configuração em virtude do incremento na eficácia polinizadora por ela gerado. Essa configuração poderia ser, por exemplo, uma característica mimética que faz com que esse inseto, de fato inofensivo, seja confundido com outro, venenoso, pelos pássaros insetívoros que também andam por aí. Mas isso não é impedimento para que a configuração das suas patas transforme esse inseto em um excelente transportador do pólen da planta de cujo néctar ele se alimenta. Por isso, embora seja verdade que a população desses insetos se veja beneficiada e sustentada pela abundância no ambiente dessa planta, de cujo néctar eles se alimentam e para cuja proliferação eles contribuem, é impossível, mas também desnecessário, imaginar como a seleção natural seria capaz de captar esse bene-

O DISCURSO FUNCIONAL NA ECOLOGIA

fício que, de fato, a sua eficácia como agentes polinizadores traz para esses mesmos insetos.

É verdade também que a própria morfologia da planta pode ter evoluído para facilitar sua fertilização por esses insetos. Isso, inclusive, pode ser em parte responsável pelo fato de que tais insetos sejam mais eficientes do que outros no cumprimento dessa função polinizadora. As plantas em questão, diríamos, estão mais adaptadas a esses do que a outros insetos que eventualmente também as visitam procurando néctar. Por isso, estes últimos não funcionam com a mesma eficácia como polinizadores. Mas seria um erro pensar que as pressões seletivas que atuaram sobre essas plantas tenham operado em virtude da vantagem que a conformação das suas flores trazia para seus polinizadores mais habituais. Tais pressões também eram cegas para os benefícios que essa evolução gerava para esses insetos.

Estes, é claro, viram-se beneficiados por essa evolução. E, ao beneficiarem-se, também beneficiaram as plantas que os alimentavam. Mas isso não significa que tenha existido uma pressão seletiva específica para essa *coevolução*. O que houve foram duas pressões seletivas distintas e independentes. Uma pressão que atuou sobre a linhagem de plantas, delineando a conformação das flores de maneira tal que estas ficassem mais atraentes e acessíveis para seus polinizadores; e outra pressão que premiou a conformação desses polinizadores, tornando-os semelhantes a insetos venenosos. Por isso, embora sua morfologia acabasse por transformá-los em polinizadores muito eficientes, nem por isso diremos que essa morfologia seja uma adaptação à polinização. Não diremos, em resumo, que esses insetos estejam desenhados em virtude de um incremento de sua eficácia como polinizadores, como poderíamos dizer, em troca, que estão desenhados em virtude da proteção mimética que a sua morfologia outorga.

É digno de ser observado, por outro lado, que considerações semelhantes a estas também poderiam ser feitas se, no lugar de pensarmos que a morfologia desses insetos obedece a uma função mimética, pensarmos que foi selecionada precisamente pelo fato de facilitar a exploração que esses insetos fazem das flores que os alimentam. Nesse caso, poder-se-ia pensar, a mesma morfologia que permite essa melhor exploração é a que também faz com que esses insetos sejam polinizadores muito eficientes. Contudo, ainda assim, a pressão seletiva que aí haveria agido teria a ver com o êxito reprodutivo desses insetos, e não com o êxito reprodutivo das plantas polinizadas. Outra vez, se essa morfologia acabou fazendo com que esses insetos fossem polinizadores altamente eficientes, isso foi o efeito colateral de um processo de seleção pautado por uma pressão seletiva que nada tinha a ver com os benefícios que daí resultaram para as plantas em questão. E aqui seria oportuno recordar a hoje já clássica distinção entre *seleção por* (*selection for*) e *seleção de* (*selection of*) proposta por Elliott Sober. Segundo esse autor:

Seleção de (*selection of*) se refere aos efeitos do processo de seleção, enquanto *seleção por* (*selection for*) descreve as suas causas. Dizer que há *seleção por* uma propriedade dada significa que ter essa propriedade causa êxito em termos de sobrevivência e reprodução. Mas dizer que um determinado tipo de objeto foi selecionado é simplesmente dizer que o resultado do processo de seleção foi um incremento da representação desse tipo de objeto (Sober, 1984, p. 100).

No exemplo hipotético que nos ocupa, houve, do lado dos insetos, *seleção por* mimetismo ou *por* (em favor de) uma maior eficácia no comportamento alimentar. Sendo essas pressões seletivas as que levaram, uma ou outra, a uma *seleção de* polinizadores mais eficientes. Mas a história inversa não teria sido possível. Nunca poderia ter existido uma *seleção por* polinizadores mais eficientes, e isso também pode ser visto, embora de uma forma menos nítida, no caso das plantas. Sobre estas atuou uma *seleção por* (em favor de) uma morfologia que tornava mais fácil a sua polinização, o que levou a uma *seleção de* variantes que facilitavam sua exploração por parte dos insetos em questão. A pressão seletiva que atuava sobre as plantas só podia premiar o melhor cumprimento dessa função fertilizadora. Ela jamais poderia premiar o bem-estar dos insetos, embora este acabasse por ser um efeito direto dessa pressão seletiva e tenha redundado em um benefício para as próprias plantas. *A seleção por*, como diz Sober (1984, p. 100), "é o conceito causal por excelência". *A seleção de*, em troca, é da ordem dos efeitos (cf. Diéguez, 2012, p. 113).

Mas o que vale para a eficiência polinizadora desses insetos também pode valer para as considerações que podem ser feitas sobre a eficiência dos diferentes níveis de uma cadeia trófica e sobre os diferentes componentes de um mesmo nível dessa cadeia.[3] Pode-se falar, por exemplo, de ecossistemas cujos organismos decompositores são mais eficientes do que os de outro ecossistema pelo fato de permitirem que o ciclo *produção—consumo—decomposição* se cumpra com maior rapidez e deixando um resíduo menor de substâncias orgânicas não decompostas. Ou se pode dizer que há espécies cuja presença ou ausência aumenta ou diminui a *eficiência de consumo*[4] de uma cadeia alimentar. Assim, falaremos de espécies, ou conjunto de espécies, que são assimiladoras mais eficientes porque a diferença entre a energia consumida por

---

[3] A respeito disso, ver Deléage (1991, p. 140), Loehle & Pechmann (2000 [1988], p. 309), Brewer (1994, p. 325-7), Parrochia (1994, p. 95) e Begon *et al.* (2006, p. 595).

[4] "Eficiência de consumo: quantidade de energia transferida de um nível trófico ao seguinte" (Lincoln *et al.*, 2009, p. 195).

elas e a energia que deixam disponível para ser usufruída pelo nível subsequente da cadeia trófica é menor que a diferença entre consumo e disponibilização de energia que ocorre no caso de outras espécies.

Contudo, embora eventualmente a eficiência de um ecossistema, ou de um elo qualquer da cadeia trófica, possa ver-se incrementada, inclusive pela própria incidência da seleção natural, tampouco aqui se poderá falar de sistemas desenhados. A seleção natural pode tender, com efeito, para que as diferentes populações de uma comunidade ou ecossistema fiquem mais eficientes. Possivelmente ela quase sempre faz isso. Indivíduos que podem produzir e sustentar uma maior descendência utilizando uma menor quantidade dos recursos para eles disponíveis tenderão a suplantar aqueles que não possam fazê-lo. Assim, dentro das constrições às quais a possível evolução de cada linhagem de seres vivos está sujeita (Futuyma, 2010), haverá sempre uma tendência ao incremento da eficiência de consumo de cada população. Mas, embora isso seja assim, seria incorreto afirmar que aí opera uma pressão seletiva que atua favorecendo um incremento da eficiência de consumo do ecossistema na sua totalidade. Pelo menos não no sentido de *selection for*, ainda que sim no sentido de *selection of*.

A seleção natural, como acontecia no caso da eficiência dos polinizadores, é cega para esse incremento. O que ela impulsiona é uma mudança em uma população, premiando com maior êxito reprodutivo indivíduos com determinadas características. É só como efeito colateral dessa mudança na população que a eficiência global do ecossistema se vê incrementada. A seleção natural não tem como registrar este último incremento. Ela só registra diferenças de aptidão entre os indivíduos e, possivelmente, entre os diferentes grupos (Wilson, 2004) que concorrem entre si em uma mesma população. São essas diferenças que a seleção natural premia ou castiga. Por isso, embora não possamos negar que a seleção natural modifica os sistemas ecológicos ao modificar as populações que os integram, mal podemos dizer que ela os desenha. Nesse sentido, "os sistemas ecológicos como tais não evoluem" (May, 1982, p. 103). Eles simplesmente mudam. Pensar o contrário seria um engano análogo ao de pensar que a diminuição *do* preço do trigo foi o resultado que procuraram todos aqueles produtores que se esforçaram *por* conseguir uma melhor colheita.

Por outro lado, tal como Darwin (1859, p. 112) já tinha previsto ao formular seu princípio de divergência (cf. Mikkelson, 2007, p. 381), a seleção natural também tenderá sempre a diminuir qualquer resíduo de energia produzido por um elo da cadeia trófica que não seja utilizado pelo elo subsequente. Se as bactérias de um ecossistema qualquer não conseguem descompor alguma parte dos resíduos de matéria orgânica ali gerados, sempre haverá um prêmio importante para qualquer cepa variante de alguma dessas linhagens de bactérias que consiga fazê-lo. E isso, é claro, também terá como consequência um incremento na eficiência global de todo o ecossistema. Mas o que é premiado, aquilo que é efetivamente selecionado, aquilo que nesse caso é alvo da *seleção por*, é a capacidade de usufruir recursos disponíveis menos escassos. É essa pressão seletiva que, agindo sobre a população de bactérias, gera, como efeito colateral, um incremento na eficiência global do ecossistema. A *seleção por* capacidade de usufruir recursos disponíveis menos escassos, que modela uma sublinhagem de bactérias, redunda na *seleção de* características que contribuem para o incremento da eficiência global do ecossistema. Mas lembremos o que já se disse no capítulo anterior: quando o incremento do desempenho está somente do lado dos efeitos de um processo, e não do lado das suas causas, esse não é um processo de desenho.

Assim, embora a seleção natural possa modificar as populações de uma forma tal que, eventualmente, incremente a eficiência dessas populações no cumprimento de funções ecológicas tais como polinização ou decomposição, nem por isso diremos que essas populações estão naturalmente desenhadas para esse desempenho funcional. Não o diremos porque a seleção natural é definitivamente indiferente ao aperfeiçoamento desse desempenho. Ela só registra (e só obedece a) modificações que otimizam a contribuição funcional de algumas estruturas na consumação dos ciclos vitais de viventes individuais, ou, como já afirmei, de grupos que possam ser competidores de outros grupos dentro de uma população. A seleção natural só age em favor dessas modificações. Assim, não obstante o fato de que eventualmente se possa demonstrar que, no longo prazo, ou em geral, a seleção natural sempre contribua para o incremento da eficiência global dos ecossistemas, nem por isso diremos que esses ecossistemas estão desenhados pela seleção natural.

Essa otimização no desempenho funcional do ecossistema só foi um efeito colateral, ou acidental, de um processo que não podia registrá-la e do qual, então, nunca poderíamos dizer que se ordenou em virtude do reforço ou da acentuação dessa otimização, como ocorre com a seleção natural quando esta atua sobre caracteres tais como as colorações protetoras. A seleção natural pode registrar e acentuar melhoras no desempenho funcional dos seres vivos independentemente de que isso envolva ou não uma melhora funcional do sistema ecológico no qual esses seres vivos medram. E que isso ocorra, que a seleção natural acabe tendo muitas vezes, ou sempre, esse efeito acidentalmente otimizador sobre os sistemas e processos ecológicos, é uma das condições que

O DISCURSO FUNCIONAL NA ECOLOGIA

permitem a existência da vida. Sem essa condição, provavelmente os ecossistemas não só não teriam a eficiência que efetivamente têm, mas é muito possível que eles tampouco pudessem existir.

Por tudo isso, embora eu não duvide de que os sistemas e processos ecológicos possam ser funcionalmente analisados, e embora eu tampouco duvide de que sua eficiência se possa ver de fato muitas vezes incrementada por um efeito colateral, indireto, da seleção natural,[5] acredito que isso não pode levar nunca a pensar que esses sistemas e processos sejam processos e sistemas desenhados, tal como são aqueles que constituem o alvo próprio e direto da seleção natural. Há pressões seletivas agindo dentro de comunidades e ecossistemas. Há seleção natural agindo sobre as sublinhagens que medram no interior desses sistemas. Isso incide sobre a própria dinâmica e estrutura dessas comunidades e ecossistemas. Mas não há seleção natural agindo sobre comunidades e ecossistemas. Não há competição e reprodução diferencial de sistemas e processos ecológicos, por isso não podemos considerá-los como objetos desenhados. A não ser, claro, que estejamos pensando em sistemas ecológicos criados e controlados pelo homem.

Acredito importante dizer, além disso, que os sistemas ecológicos são passíveis de ser analisados em virtude dessa operação cognitiva que Arno Wouters (2007) chamou explicações de desenho, de um modo que, como já disse, entendo equivocado. Cabe, com efeito, que nos perguntemos por que

---

[5] Não é a seleção natural, por outro lado, o único fator que pode incrementar a eficácia dos sistemas ecológicos. A invasão de um ecossistema pela população de uma espécie que aproveita algum recurso antes nula ou escassamente explorado também redundará em um incremento dessa eficiência. E aí tampouco poderemos falar de um processo de desenho.

103

um ecossistema precisa ter organismos decompositores. Nossa resposta será que esses organismos são uma condição de existência para tais sistemas porque sem eles esses sistemas ficariam rapidamente abarrotados de cadáveres incorruptos, e o ciclo energético seria interrompido. Os organismos decompositores, poderíamos dizer, são uma necessidade organizacional de todo ecossistema. Mas isso não significa que eles estejam ali para suprir essa necessidade, nem que tenham evoluído para melhor satisfazê-la. Isso mostra que essas análises que Wouters chama explicações de desenho podem ser aplicadas a sistemas que não caracterizaríamos como desenhados. Eis mais uma razão para considerar que a expressão proposta por Wouters, mesmo sendo adequada para denotar essas análises relativas a pré-requisitos organizacionais, não é conveniente para denotar nada semelhante a uma explicação de como esses pré-requisitos chegaram a ser satisfeitos.

4.3. A CIÊNCIA DO SUSTENTÁVEL

> "Sólo la organización vence al tiempo."
>
> General Juan Domingo Perón

Até aqui, entretanto, só cumpri uma parte do que me propus fazer neste último capítulo. Só mostrei a legitimidade do discurso funcional em ecologia e sua completa desvinculação de qualquer ideia que nos leve a pensar os sistemas ecológicos como objetos desenhados. Todavia, como apontei no início, o mais intrigante da ecologia não está no fato de aí ocorrerem, ou abundarem, as análises funcionais. O que nela é mais digno de exame é o fato de que quase todo o seu discurso seja, como também ocorre no caso da fisiologia, de natureza eminentemente funcional (Gayon, 2010, p. 125). Assim, embora possa ter ficado claro que as análises funcionais da ecologia não pressupõem que os processos e sistemas ecológicos sejam resultantes de processos de desenho, pode ficar ainda a suspeita de que a ubiquidade do discurso funcional nesse domínio disciplinar seja o remanescente, injustificável, de um já insustentável pensamento organicista.

Acredito, entretanto, que a razão de ser dessa afinidade, ou desse paralelismo, entre os discursos da fisiologia e da ecologia não reside no fato de que esta última disciplina permaneça sujeita a um imaginário organicista. O que motiva essa afinidade entre ambas as disciplinas é, conforme entendo, algo muito mais profundo. Trata-se de algo que tem a ver, segundo já apontei no início deste capítulo, com o fato de ambas as disciplinas trabalharem sob a presunção de "ideais de ordem natural" (Toulmin, 1961, p. 44 ss.), vinculados com a oposição *ordem improvável/desordem provável*. Ambas as disciplinas dão a si próprias a tarefa de explicar a persistência e a recorrência de fenômenos e estados de coisas considerados, desde o início, como pouco prováveis. Destarte, seus discursos tornam-se eminentemente funcionais porque o que nelas primeiro importa, ao abordar um processo ou sistema qualquer — não esqueçamos de Ponce —, é entender e sublinhar sua função, seu papel causal, na consecução e preservação desses estados de coisas que, justamente pelo fato de serem considerados improváveis, são também vistos como necessitados de explicação.

Stephen Toulmin (1961, p. 57) apresenta os ideais de ordem natural como princípios que, para uma teoria determinada ou para um domínio específico de indagação, definem o horizonte de permanência ou de regularidade sobre o qual terão que se perfilar, como desvios dele, os fatos que essa teoria ou esse domínio de indagação assume como necessitados

Gustavo Caponi

e passíveis de explicação. Um fato, poderíamos dizer, é, de algum modo, o inesperado que irrompe sobre um horizonte de permanência que a teoria ou o domínio de investigação em análise, ao pressupor um ideal de ordem natural específico, aceita como algo óbvio e autoexplicado. E dizer isso é o mesmo que afirmar que um fato é aquilo que, dado um ideal de ordem natural, aparece como necessitado de explicação.

Assim, como exemplo paradigmático desses ideais, Toulmin nos propõe o princípio de inércia: "todo corpo permanece em estado de repouso ou de movimento retilíneo uniforme, a menos que seja compelido a sair desse estado pela aplicação de uma força" (1961, p. 56). Essa primeira lei de Newton, diz Toulmin (1961, p. 62-3), indica que, para a mecânica newtoniana, a permanência de um corpo em qualquer desses dois estados é o esperável, o normal, o natural, aquilo que, por isso, não requer explicação. O que deve ser explicado, o que deve ser objeto de interrogação é, portanto, a saída do repouso, ou a saída do movimento retilíneo uniforme. Toda a mecânica newtoniana oferece o modo de responder a essas questões, permitindo explicar e calcular os desvios desse estado, ou ordem ideal, apelando a leis adicionais como, por exemplo, a lei de gravitação.

Mas, como outros aspectos da gramática científica, os ideais de ordem natural são regionais. Diferentes teorias científicas, ou, mais geralmente, diferentes domínios disciplinares podem obedecer a ideais diferentes,[6] e é sobre o horizonte desses diferentes ideais de ordem natural que se

---

[6] Em vários trabalhos anteriores apelei para a noção de *ideal de ordem natural* para estabelecer comparações entre a história natural cuvieriana e a darwiniana (Caponi, 2004), para analisar a teoria da seleção natural (Caponi, 2005, 2011) e a biologia evolucionária do desenvolvimento (Caponi, 2010), e também para estabelecer comparações entre estas últimas (Caponi, 2007b, 2008c).

O DISCURSO FUNCIONAL NA ECOLOGIA

perfilam e cobram sentido os objetivos explicativos de cada teoria ou de cada domínio específico de pesquisa. O que em cada caso se considera como óbvio, como natural, explicável em si, é diferente. Isso faz com que também seja diferente aquilo que, em cada caso, terá que ser considerado como desvio desse estado natural a ser explicado. Ideais de ordem natural diferentes, ao estabelecerem as mais diversas discriminações entre o que necessita e o que não necessita explicação, geram diferentes empreendimentos explicativos, cada um com as suas perplexidades e interrogações fundamentais, e nos comprometem com eles.

Assim, de Xavier Bichat (1994 [1801], p. 57) e Claude Bernard (1867, p. 133, 1878, p. 66) em diante, o problema central da fisiologia foi o de mostrar como a ordem orgânica, a vida, é gerada e preservada, não obstante a sua relativa improbabilidade física (cf. Schrödinger, 1984 [1944], p. 110-1; Lorenz, 1993, p. 148-9). A pergunta fundamental da fisiologia parece ser sempre: por que a vida e não simplesmente a morte? Esta última, a morte, define para a fisiologia o estado natural e mais provável de coisas. Ela define um estado que, em primeira instância, não é necessário explicar, porque o que ocorre nele é algo para o qual a física e a química já nos fornecem uma explicação. O que é necessário explicar é o fato de que, não obstante essa maior probabilidade da morte, a ordem da vida se preserve. A vida aparece, assim, como o desvio improvável e problemático de um estado de coisas que se considera já antes explicado pela física e pela química. E é em contraste com os exigentes requisitos organizacionais que a ordem da vida deve satisfazer para sustentar-se, que este último estado de coisas, aquele do não vivo, é percebido como um estado de desordem provável.

Entretanto, o problema recorrente da ecologia é explicar a ocorrência de processos ou ordenamentos que podem ir do mero ciclo vital de um organismo em seu ambiente natural até um ciclo trófico cuja recorrência permite a existência de certas formas de vida. O primeiro tipo de processo é aquele estudado pela autoecologia, e sua parcial superposição com o tipo de processo estudado pela fisiologia já foi apontada várias vezes neste livro. O segundo tipo de processo, no entanto, é aquele estudado pela ecologia dos ecossistemas. Mas, entre esses dois extremos, existe toda uma gradação de fenômenos, processos e estados de coisas, de diferentes complexidades, que o ecólogo também estuda tentando mostrar como é que podem ocorrer e, eventualmente, preservar-se ou repetir-se. Tal é o caso, por exemplo, da persistência de uma determinada comunidade integrada por populações de distintas espécies. Mas, em todos os casos, a presunção do ecólogo parece ser a mesma. Esses processos, esses estados de coisas, esses arranjos são relativamente improváveis, são relativamente frágeis. Eles supõem uma articulação, uma sintonia afinada, de uma multiplicidade de fatores cuja condição de possibilidade e cuja ocorrência é necessário explicar.

O problema central da ecologia, dito de outro modo, é mostrar como esses processos e ordens improváveis instauram-se e sustentam-se não obstante todas as contingências que podem tender à sua mais provável desarticulação. Os sistemas ecológicos e os processos que os possibilitam são mecanismos intrincados e delicados que, pelo menos à primeira vista, qualquer desajuste poderia chegar a comprometer. Contudo, o ecólogo quer saber como as suas peças e os seus momentos se encaixam e se concatenam, de modo tal que, malgrado essa relativa fragilidade, eles possam sustentar-se, ainda que seja durante lapsos muito breves. A *sustentabilidade* é, por isso, a grande questão da ecologia. Atribuir funções aos componentes ou momentos dos sistemas ou processos ecológicos é tentar mostrar como eles contribuem para a sustentação desses estados ou processos considerados improváveis, frágeis, problemáticos e, portanto, merecedores de explicação. O entendimento funcional de entidades e processos que caracteriza a ecologia não é mais, então, do que a contraparte dessa preocupação pela sustentabilidade. Nessa disciplina, os fenômenos e as entidades em estudo são considerados, básica e primariamente, em virtude de sua contribuição causal nessas ordens ou processos cuja sustentação queremos explicar.

A indagação fisiológica e a ecológica operam, em resumo, sobre a presunção de estados de desordem considerados como mais prováveis do que os ordenamentos ou processos cuja inesperada preservação ou ocorrência a fisiologia e a ecologia querem explicar e, por isso, eles são privilegiados em suas análises. Esses estados de ordem, no caso da fisiologia, podem ser a própria *autopoiesis* ou os subprocessos que a fazem possível (cf. Maturana & Varela, 1994, p. 69). Na ecologia, entretanto, esses estados de ordem podem ser a persistência de um ecossistema, de uma comunidade ou de uma população (Walter, 2008). E, se nos remetermos à autoecologia, também incluiremos a preservação do vivente individual. Mas também podemos pensar essas ordens que interessam ao ecólogo em virtude dos processos que as fazem possíveis. Tal é o caso da manutenção de um ciclo energético, de uma cadeia trófica, ou a resiliência das complexas relações biológicas que asseguram a polinização de determinadas plantas ou que facilitam a dispersão das suas sementes. Existe, entretanto, e não a estou esquecendo, uma diferença importante no modo pelo qual se pode falar de referências a estados privilegiados em fisiologia e em ecologia.

No caso da fisiologia — conforme a pesquisa empírica ensinou —, esses estados privilegiados que queremos explicar são sustentados, em grande parte, embora não exclusivamente, por mecanismos de regulação, próprios dos seres vivos, que respondem especificamente às perturbações sofridas pela *autopoiesis*, embora nem sempre esses mecanismos operem por retroalimentação negativa. Mas insisto que só sabemos isso depois de ter examinado os seres vivos. A existência de mecanismos de autorregulação próprios dos seres vivos é uma conclusão, e não um pressuposto, da pesquisa fisiológica. No seu esforço por explicar como a ordem da vida se preserva, a fisiologia encontrou esses mecanismos cuja consideração permite entender melhor como é que esse estado privilegiado, já antes destacado como objetivo explicativo, era alcançado e sustentado.

No caso da ecologia, por sua vez, é matéria discutível que tais mecanismos existam. Eugene Odum (1988, p. 29), é verdade, considerou os ecossistemas como sistemas cibernéticos autorregulados por mecanismos de retroalimentação negativa (cf. McIntosh, 1985, p. 231-2; Kwa, 1986, p. 168-9). E Ramón Margalef (1993, p. 80) também sustentou essa ideia. James Lovelock (1985, p. 65, 1993, p. 75), por sua vez, estendeu esse modo de pensar ao nível planetário (cf. Bowler, 1998, p. 399; El-Hani & Nunes, 2006, p. 16), com a hipótese de que *Gaia* é um grande ecossistema (cf. Peacock, 2008, p. 359).[7] Mas falar de sistemas autorregulados, ainda que não se pense neles como sendo mecanismos que operam por retroalimentação negativa, exige apontar mecanismos específicos de autorregulação. Exige apontar mecanismos cujas operações, além de equilibrar e reequilibrar o sistema em questão, também sejam reações, específicas e proporcionais, às perturbações que esse sistema possa eventualmente padecer. Que os ecossistemas contenham tais mecanismos

---

[7] O "modelo das margaridas" proposto por Lovelock (1985, p. 65, 1993, p. 51) mostra, inclusive, como a seleção natural pode estar envolvida nesses supostos mecanismos de autorregulação.

é uma questão polêmica (cf. Brewer, 1994, p. 372; Williams, 1997, p. 405; Kirchner, 2007, p. 314).

Os incêndios florestais, conforme se diz, têm um efeito regulador importante, uma função na preservação de alguns ecossistemas (cf. Deléage, 1991, p. 238). Mas disso não se deduz que tais incêndios sejam uma reação específica e proporcional aos estados de coisas ou aos processos contrários à eficácia global do ecossistema que eles permitem reverter ou limitar. Esses incêndios não são uma reação do bosque ante sua própria decrepitude. São somente eventos cuja ocorrência, frequente, mas em geral desencadeada por fatores externos ao próprio ecossistema, acaba contribuindo para a reciclagem das matérias nutritivas que o bosque necessita para renovar-se. O raio que cai sobre uma árvore seca ou a fogueira que turistas deixam mal apagada não são reações do bosque à acumulação de madeira morta não reciclada. Embora essa mesma acumulação seja uma condição que aumenta o risco de incêndio, tornando mais provável que a queda de um raio o desencadeie, nada há no bosque decrépito que chame os raios ou os turistas. Mas, seja como for, o fato é que a questão de se existem ou não mecanismos ecológicos de autorregulação é de caráter empírico. Por isso ela escapa à análise filosófica. Esta pode contribuir para a delimitação do conceito de mecanismo de autorregulação, mas nada pode dizer sobre a sua existência.

Eu acredito, de todo modo, que embora se chegue a uma delimitação precisa desse conceito e depois à conclusão de que os sistemas ecológicos não contam com esses mecanismos, coisa que me parece totalmente plausível, isso não invalidaria a ideia que aqui estou tentando delinear. Que existam ou não existam mecanismos ecológicos de autorregulação é, conforme apontei, uma questão empírica que nada tem a ver com o que aqui está sendo discutido. Quer dizer, isso não tem a ver com o fato de a ecologia obedecer ao objetivo de explicar como é que processos ou estados, cuja ocorrência está longe de derivar imediatamente da pura legalidade física ou química e que, além disso, supõem a complexa conjugação de múltiplos e diversos fatores bióticos e abióticos, possam ocorrer de forma tal que assegurem ou deem sustento a determinadas formas de vida ou a determinadas associações entre essas formas de vida. E o que digo sobre a possível existência ou inexistência de mecanismos autorreguladores nos ecossistemas também vale para a questão, hoje muito discutida na ecologia de populações e de comunidades, de se existe ou não algo assim como um ponto de equilíbrio em torno do qual a densidade das populações oscilaria (cf. Cooper, 2003, p. 75; Walter, 2008, p. 420).

Essa também é uma questão empírica (Colyvan, 2008, p. 312) sobre a qual não precisamos aqui entrar. Uma questão que, ademais, tampouco é relevante para discutir o que aqui se está propondo. Estejam ou não em equilíbrio as populações que compõem os sistemas ecológicos, estes, junto com os subsistemas que os integram e os processos que os sustentam, estão, por muito ou por pouco tempo, efetivamente aí. Por isso, o ecólogo, que os pressupõe improváveis, sempre quererá saber como isso é possível. Alguns organismos completam seus ciclos vitais e, mal ou bem, o ciclo trófico continua. Eis as duas pontas de uma série de fenômenos cuja explicação a ecologia assume e privilegia como constituindo seu desafio cognitivo fundamental. Inclusive para procurar nessa explicação as chaves para entender como e por que esses fenômenos podem chegar a não acontecer ou a verem--se comprometidos.

Sabendo quais são as funções que devem ser satisfeitas para que esses processos ocorram e sabendo como e por quais entidades elas são cumpridas, o ecólogo poderá expli-

O DISCURSO FUNCIONAL NA ECOLOGIA

car por que esses processos às vezes não ocorrem, ou não se cumprem, da maneira esperada. Conhecendo qual era o polinizador mais eficiente de determinadas plantas poderemos explicar uma diminuição na população destas, apontando para o desaparecimento parcial ou total desse polinizador e sua substituição por outro menos eficiente. E nisso, claro, a analogia entre a ecologia e a fisiologia volta a ficar evidente. Sabendo como é que se instauram e se preservam essas ordens improváveis de coisas que uma e outra querem explicar, ambas as disciplinas também podem explicar como é que, uma vez instauradas, essas ordens podem eventualmente desarticular-se ou desmoronar.

Eu acredito, ainda, que o que aqui foi dito sobre os objetivos cognitivos da ecologia e sobre a razão de ser do entendimento funcional dos fenômenos por ela estudados serve também para entender aquilo que Gregory Cooper (2003, p. 75) apontou sobre a persistência, nem sempre reflexiva, da ideia de equilíbrio natural nas teorizações ecológicas. Porque, ainda sem estar logicamente comprometida com essa ideia, a noção de sustentabilidade pode solapar-se e confundir-se com a de equilíbrio. Sustentabilidade parece remeter a estabilidade, e estabilidade parece remeter a equilíbrio. E embora certamente se trate de uma associação injustificada, ela pode ajudar a entender o fato de a explicação da sustentabilidade ter sido muitas vezes confundida com a explicação de supostos estados de equilíbrio. O equilíbrio da natureza seria a manifestação distorcida, ideológica, dessa sustentabilidade dos processos ecológicos que, por exigência de um ideal de ordem natural, deve ser objeto de indagação. Essa sustentabilidade que, também por exigência desse mesmo ideal de ordem natural, a ecologia não pode renunciar a explicar, porque fazê-lo seria o mesmo que enclausurar toda a indagação ecológica. A mera física e a mera química da biosfera nunca nos dariam uma ecologia, do mesmo modo que uma mera biofísica e uma mera bioquímica nunca nos dariam uma fisiologia.

Mas algo semelhante ao que digo sobre a ideia de equilíbrio também pode ser dito sobre a origem e a persistência, mais ou menos moderada, das imagens organicistas no discurso ecológico. Aí está a teoria de *Gaia* para ilustrar o que estou dizendo, e aí está Margalef (1993, p. 84) caracterizando os ecossistemas como máquinas *autopoiéticas*. Mas aí estão também as tão inegáveis quanto legítimas analogias entre a fisiologia e a ecologia que servem para explicar a recorrência dessas imagens. Limitadamente, essas analogias são, com efeito, tão legítimas quanto inevitáveis. Por isso, as imagens organicistas, ou quase organicistas, que encontramos em Odum (1963) ou em Lovelock (1993) também podem ser consideradas como a manifestação distorcida, ideológica, dessas analogias. Essas imagens denunciam, e até confirmam, a sujeição da ecologia a um ideal de ordem natural que não deixa de ter alguma semelhança, alguma afinidade, com aquele que ordena e pauta a indagação fisiológica.

A retórica organicista é definitivamente inaceitável. Mas não há dúvida de que é compreensível. Essa retórica pode ser inadequada para descrever as comunidades ecológicas, os ecossistemas e a Terra. Mas, embora vagamente, ela nos insinua algo que é constitutivo da indagação ecológica. Dizendo-nos algo que é falso empiricamente, as metáforas organicistas da ecologia apontam, ainda que de modo confuso, algo que é válido epistemologicamente no que tange aos objetivos cognitivos específicos dessa disciplina.

Conclusão

Os argumentos plenamente conclusivos não existem nem na ciência, nem na filosofia. Acredito, entretanto, que nas páginas precedentes deram-se razões atendíveis em favor desta dúzia de teses:

(1) Aquilo que se propõe sob o rótulo de concepção etiológica do conceito de "função" não é outra coisa que uma elucidação confusa do conceito de "adaptação".

(2) Essa superposição entre os conceitos de "adaptação" e "função" é motivada por uma confusão entre as explicações selecionais darwinianas, ou evolutivas, dos desenhos biológicos e as análises funcionais próprias da fisiologia e da autoecologia.

(3) As explicações selecionais darwinianas supõem análises funcionais, mas não são explicações funcionais.

(4) A elucidação correta do conceito de "função biológica" é basicamente uma especificação — fundada na ideia de metas orgânicas intrínsecas — da concepção de função, proposta pelos defensores da concepção sistêmica ou processual.

(5) O conceito de "função biológica" aqui proposto permite uma unificação de todas as tentativas de elucidação da ideia de "função biológica" que foram feitas de um ponto de vista consequencial.

(6) O conceito biológico de "função" tem um caráter fracamente normativo, mas não permite distinguir entre adaptações e exaptações.

(7) Distinguir entre adaptações e exaptações é uma atribuição das explicações selecionais, não das análises funcionais.

Gustavo Caponi

(8) Enquanto explicar uma adaptação, ou um desenho biológico, é explicar a história e a razão de ser de caracteres, imputar uma função é sempre atribuir um papel causal a uma parte, ou subprocesso, no interior de um sistema ou processo maior.

(9) A diferença entre falar de adaptações e falar de funções biológicas supõe a diferença entre falar de linhagens e falar de organismos.

(10) O objetivo cognitivo principal da ecologia é a análise funcional dos processos e sistemas ecológicos, mas isso não supõe que esses processos e sistemas estejam desenhados.

(11) A ecologia, de maneira similar à fisiologia, está constitutivamente orientada pela pressuposição de um estado privilegiado a ser explicado, que é a persistência dos sistemas e processos por ela estudados. Suas análises funcionais respondem a essa pressuposição.

(12) A ecologia supõe um ideal de ordem natural, sob cuja consideração esse estado privilegiado é pensando como um estado de coisas improvável e, por isso, necessitado de explicação.

Referências bibliográficas

ABERCROMBIE, M.; HICKMAN, C. & JOHNSON, M. *Diccionario de biología*. Buenos Aires: Lerú, 1961.

ABRANTES, P. (Ed.). *Filosofia da biologia*. Porto Alegre: Artmed, 2011.

ACOT, P. *Histoire de la ecologie*. Paris: PUF, 1988.

_____. (Ed.). *La maîtrise du milieu*. Paris: Vrin, 1994.

ALLEN, C. & BEKOFF, M. Biological function, adaptation, and natural design. In: ALLEN, C.; BEKOFF, M. & LAUDER, G. (Ed.). *Nature's purpose: analysis of function and design in biology*. Cambridge: MIT Press, 1998, p. 571-88.

ALLEN, C.; BEKOFF, M. & LAUDER, G. (Ed.). *Nature's purpose: analysis of function and design in biology*. Cambridge: MIT Press, 1998.

AMORIM, D. *Elementos básicos de sistemática filogenética*. Holos: Ribeirão Preto, 1997.

AMUNDSON, R. & LAUDER, G. Function without purpose: the uses of *causal role function* in Evolutionary Biology. In: ALLEN, C.; BEKOFF, M. & LAUDER, G. (Ed.). *Nature's purpose: analysis of function and design in biology*. Cambridge: MIT Press, 1998, p. 335-70.

ARIEW, A.; CUMMINS, R. & PERLMAN, M. (Ed.). *Functions: new essays in the philosophy of psychology and biology*. Oxford: Oxford University Press, 2002.

AYALA, F. In William Paley shadow: Darwin explanation of design. *Ludus Vitalis*, 12, 21, p. 53-66, 2004.

AYALA, F. & ROBERT, A. R. P. (Ed.). *Contemporary debates in philosophy of biology*. Oxford: Wiley-Blackwell, 2010.

BEDAU, M. Where's the Good in teleology. In: ALLEN, C.; BEKOFF, M. & LAUDER, G. (Ed.). *Nature's purpose: analysis of function and design in biology*. Cambridge: MIT Press, 1998, p. 261-90.

BEGON, M.; TOWNSEND, C. & HARPER, J. *Ecology: from individuals to ecosystems*. Malden: Blackwell, 2006.

BERNARD, C. *Rapport sur lês progrès et la marche de la physiologie générale en France*. Paris: L'imprimerie impériale, 1867.

———. *Leçons sur les phénomènes de la vie communs aux animaux et aux végétaux*. Paris: Baillière, 1878.

———. *Introduction a l'étude de la médecine expérimentale*. Paris: Flammarion, 1984 [1865].

BICHAT, X. Recherches physiologiques sur la vie et la mort (première partie). In: ———. *Recherches physiologiques sur la vie et la mort et autres textes*. Paris: Flammarion, 1994 [1801], p. 55-209.

BIGELOW, J. & PARGETTER, R. Functions. In: ALLEN, C.; BEKOFF, M. & LAUDER, G. (Ed.). *Nature's purpose: analysis of function and design in biology*. Cambridge: MIT Press, 1998, p. 241-60.

BOCK, W. & WAHLERT, G. Adaptation and the form-function complex. In: ALLEN, C.; BEKOFF, M. & LAUDER, G. (Ed.). *Nature's purpose: analysis of function and design in biology*. Cambridge: MIT Press, 1998, p. 117-68.

BOORSE, C. Wright on functions. *The Philosophical Review*, 85, 1, p. 70-86, 1976.

———. A rebuttal on functions. In: ARIEW, A.; CUMMINS, R. & PERLMAN, M. (Ed.). *Functions: new essays in the philosophy of psychology and biology*. Oxford: Oxford University Press, 2002, p. 63-112.

BORGES, J. La metáfora In: ———. *Textos recobrados: 1919-1929*. Barcelona: Emecé, 1997 [1921], p. 114-20.

BOWLER, P. *Historia Fontana de las ciencias ambientales*. México: Fondo de Cultura Económica, 1998.

BRANDON, R. *Adaptation and environment*. Princeton: Princeton University Press, 1990.

———. La téléologie dans les systèmes à organisation naturelle. In: FELTZ, B.; CROMMELINK, M. & GOUJON, P. (Ed.). *Auto-organisation et émergence dans les sciences de la vie*. Bruxelles: Ousia, 1999, p. 383-404.

BREWER, R. *The science of ecology*. New York: Saunders, 1994.

BRIGANDT, I. Review of Mclaufhlin, P. What functions explain: functional explanations and self-reproducing systems. *Erkenntnis*, 57, p. 123-6, 2002.

BULLER, D. Etiological theories of functions: a geographical survey. *Biology & Philosophy*, 13, p. 505-27, 1998.

_____. Natural teleology. In: BULLER, D. (Ed.). *Function, selection and design*. New York: Suny Press, 1999, p. 1-28.

_____. (Ed.). *Function, selection and design*. New York: Suny Press, 1999.

_____. Function and design. In: ARIEW, A.; CUMMINS, R. & PERLMAN, M. (Ed.). *Functions: new essays in the philosophy of psychology and biology*. Oxford: Oxford University Press, 2002, p. 222-43.

CANFIELD, J. Reviews of Wright, L. Teleological explanations. Berkeley: University of California Press, 1976, and Woodfield, A. Teleology. Cambridge: Cambridge University Press, 1976. *The Philosophical Review*, 87, 2, p. 284-8, 1978.

CAPONI, G. Biología funcional *vs.* biología evolutiva. *Episteme*, 12, p. 23-46, 2001.

_____. Explicación seleccional y explicación funcional: la teleología en la biología contemporánea. *Episteme*, 14, p. 57-88, 2002a.

_____. La sabiduría de las especies: las poblaciones biológicas como sistemas cognitivos. *Ludus Vitales*, 18, p. 3-25, 2002b.

_____. La navaja de Darwin. *Ludus Vitales*, 22, p. 9-38, 2004.

_____. O princípio de Hardy-Weinberg como ideal de ordem natural da biologia evolutiva. In: REGNER, A. & ROHDEN, L. (Ed.). *A filosofia e a ciência redesenham horizontes*. São Leopoldo: Unisinos, 2005, p. 225-35.

_____. Física del organismo *vs* hermenéutica del viviente. *História, Ciência, Saúde*, 14, 2, p. 443-61, 2007a.

_____. El retorno de la ontogenia: un conflicto de ideales de orden natural en la biología evolucionaria actual. *Scientiae Studia*, 5, 1, p. 9-34, 2007b.

Gustavo Caponi

____. La biología evolucionaria del desarrollo como ciencia de causas remotas. *Signos Filosóficos*, 10, 20, p. 121-42, 2008a.

____. *Georges Cuvier, un fisiólogo de museo*. México: Unam, 2008b.

____. El segundo pilar: la biología evolucionaria desenvolvimental y el surgimiento de una teoría complementaria a la Teoría de la selección natural. *Ludus Vitales*, 29, p. 2-32, 2008c.

____. La biología evolucionaria desenvolvimental según su ideal de orden natural. *Princípios*, 27, p. 5-29, 2010.

____. *La segunda agenda darwiniana: contribución preliminar a una historia del programa adaptacionista*. México: Centro de Estúdios Filosóficos, Políticos & Sociales Vicente Lombardo Toledano, 2011.

CAPONI, G. & MORTARI, C. (Ed.). *Charles Darwin e seu impacto na filosofia e na ciência*. Florianópolis: NEL/UFSC, 2009.

CHEDIAK, K. A análise do conceito de função a partir da interpretação histórica. In: PRESTES, M.; MARTINS, L. & STEFANO, W. (Ed.). *Filosofia e história da biologia* 1. São Paulo: MackPesquisa, 2006, p. 161-74.

____. *Filosofia da biologia*. Rio de Janeiro: Zahar, 2008.

____. Função e explicações funcionais em biologia. In: ABRANTES, P. (Ed.). *Filosofia da biologia*. Porto Alegre: Artmed, 2011, p. 83-96.

COLYVAN, M. Population ecology. In: SARKAR, S. & PLUTYNSKY, A. (Ed.). *A companion to the philosophy of biology*. Malden: Blackwell, 2008, p. 301-20.

COOPER, G. *The science of the struggle for existence: on the foundations of ecology*. Cambridge: Cambridge University Press, 2003.

CUMMINS, R. Functional analysis. *The Journal of Philosophy*, 20, p. 741-65, 1975.

____. Neo-teleology. In: ARIEW, A.; CUMMINS, R. & PERLMAN, M. (Ed.). *Functions: new essays in the philosophy of psychology and biology*. Oxford: Oxford University Press, 2002, p. 57-172.

CUMMINS, R. & ROTH, M. Traits have not evolved to function the way they do because of past advantage. In: AYALA, F. & ROBERT, A. R. P. (Ed.). *Contemporary debates in philosophy of biology*. Oxford: Wiley-Blackwell, 2010, p. 72-88.

CUVIER, G. *Le règne animal*. París: Deterville, 1817. t. 1.

DARWIN, C. *On the origin of species*. London: Murray, 1859.

DAVIES, P. Malfunctions. *Biology & Philosophy*, 15, p. 19-38, 2000.

_____. *Norms of nature: naturalism and the nature of function*. Cambridge: MIT Press, 2001.

_____. Conceptual conservatism: the case of normative function. In: KROHS, U. & KROES, P. (Ed.). *Functions in biological and artificial worlds: comparative philosophical perspectives*. Cambridge: MIT Press, 2009, p. 127-46.

DAWKINS, R. *The extended phenotype*. Oxford: Oxford University Press, 1999.

DELANCEY, C. Ontology and teleofunctions: a defense and revision of the systematic account of teleological explanation. *Synthese*, 150, p. 69-98, 2006.

DELÉAGE, J.-P. *Une histoire de l'écologie*. Paris: La Découverte, 1991.

DELSOL, M. & PERRIN, L. *Médecine et biologie: quelle logique?* Paris: Masson, 2000.

DENNETT, D. The interpretation of texts, people and other artifacts. *Philosophy and Phenomenological Research*, 50, p. 177-94, 1990.

_____. *Darwin's dangerous idea*. London: Simon & Schuster, 1995.

DIÉGUEZ, A. *La vida bajo escrutinio: una introducción a la filosofía de la biología*. Madrid: Buridán, 2012.

DONLAN, J. O retorno dos grandes animais da América. *Scientific American Brasil*, edição especial: Paleontologia, p. 42-9, 2010.

DONLAN, J. *et al*. Pleistocene rewilding: an optimist agenda for twenty-first century conservation. *American Naturalist*, 168, p. 660-81, 2006.

DROUIN, J. *L'écologie et son histoire*. Paris: Flammarion, 1993.

Gustavo Caponi

EDIN, B. Assigning biological functions: making sense of causal chains. *Synthese*, 161, p. 203-18, 2008.

EL-HANI, C. & ALMEIDA, A. Atribuição de função à biodiversidade segundo a visão do papel causal: uma análise epistemológica do discurso ecológico das duas últimas décadas. In: PRESTES, M.; MARTINS, L. & STEFANO, W. (Ed.). *Filosofia e história da biologia* 1. São Paulo: MackPesquisa, 2006, p. 21-39.

EL-HANI, C. & NUNES, N. Gaia, teleologia e função. *Episteme*, 11, p. 15-48, 2006.

_____. O que é função? Debates na filosofia da biologia contemporânea. *Scientiae Studia*, 7, 3, p. 353-402, 2009a.

_____. Functional languaje in evolutionary biology, ecology and earth sciences. In: CAPONI, G. & MORTARI, C. (Ed.). *Charles Darwin e seu impacto na filosofia e na ciência*. Florianópolis: NEL/UFSC, 2009b, p. 70-1.

_____. Functional Explanations in biology, ecology and earth system science: contributions from philosophy of biology. In: KRAUSE, D. & VIDEIRA, A. (Ed.). *Brazilian studies in Philosophy and History of Science*. Dordrecht: Springer. 2011, p. 185-200.

ENÇ, B. & ADAMS, F. Functions and goal directedness. In: ALLEN, C.; BEKOFF, M. & LAUDER, G. (Ed.). *Nature's purpose: analysis of function and design in biology*. Cambridge: MIT Press, 1998, p. 371-94.

FELTZ, B.; CROMMELINK, M. & GOUJON, P. (Ed.). *Auto-organisation et émergence dans les sciences de la vie*. Bruxelles: Ousia, 1999.

FISTRUP, K. Character: current usages. In: KELLER, E. & LLOYD, E. (Ed.). *Keywords in evolutionary biology*. Cambridge: Harvard University Press, 1992, p. 45-51.

_____. A history of character concepts in evolutionary biology. In: WAGNER, G. (Ed.). *The character concept in evolutionary biology*. San Diego: Academic Press, 2001, p. 13-36.

FRANSSEN, M. The inherent normativity of functions in Biology and Technology. In: KROHS, U. & KROES, P. (Ed.). *Functions in biological and artificial worlds: comparative philosophical perspectives.* Cambridge: MIT Press, 2009, p. 103-126.

FRIEDRICH, H. (Ed.). *Hombre y animal.* Madrid: Orbis, 1985.

FUTUYMA, D. Evolutionary constraint and ecological consequences. *Evolution*, 64, 7, p. 1865-84, 2010.

GALLIEZ, M. *et al.* Ecology of the water opossum *Chironectes minimus* in atlantic forest streams of southeastern Brazil. *Journal of Mamalogy*, 90, p. 93-103, 2009.

GANS, C. Adaptation and the form-function relation. In: ALLEN, C.; BEKOFF, M. & LAUDER, G. (Ed.). *Nature's purpose: analysis of function and design in biology.* Cambridge: MIT Press, 1998, p. 541-70.

GARSON, J. Function and teleology. In: SARKAR, S. & PLUTYNSKY, A. (Ed.). *A companion to the philosophy of biology.* Malden: Blackwell, 2008, p. 525-49.

GAYON, J. Les biologistes ont-ils besoin du concept de *fonction*? *Palevol*, 5, p. 479-87, 2006.

_____. Raisonnent fonctionnel et niveaux d'organisation en Biologie. In: GAYON, J. & RICQLÈS, A. (Ed.). *Les fonctions: des organismes aux artefacts.* Paris: PUF, 2010, p. 125-38.

GAYON, J. & RICQLÈS, A. (Ed.). *Les fonctions: des organismes aux artefacts.* Paris: PUF, 2010.

GHISELIN, M. *Metaphysics and the origin of species.* Albany: Suny Press, 1997.

_____. Homology as a relation of correspondence between pars of individuals. *Theory in Bioscience*, 124, p. 91-103, 2005.

GINNOBILI, S. Adaptación y función: el papel de los conceptos funcionales en la teoría de la selección natural darwiniana. *Ludus Vitalis*, 31, p. 3-24, 2009.

GIROUX, É. *Après Canguilhem: définir la santé et la maladie.* Paris: PUF, 2010.

Godfrey-Smith, P. Functions: consensus without unity. In: Hull, D. & Ruse, M. (Ed.). *The philosophy of biology*. Oxford: Oxford University Press, 1998a, p. 280-291.

_____. A modern history theory of functions. In: Allen, C.; Bekoff, M. & Lauder, G. (Ed.). *Nature's purpose: analysis of function and design in biology*. Cambridge: MIT Press, 1998b, p. 453-78.

Goldstein, K. *La structure de l'organisme*. Paris: Gallimard, 1951.

Gould, S. & Vrba, E. Exaptation: a missing term in the science of form. In: Allen, C.; Bekoff, M. & Lauder, G. (Ed.). *Nature's purpose: analysis of function and design in biology*. Cambridge: MIT Press, 1998 [1982], p. 519-40.

Grene, M. & Depew, D. *The philosophy of biology*. Cambridge: Cambridge University Press, 2004.

Griffiths, P. Functional analysis and proper functions. In: Allen, C.; Bekoff, M. & Lauder, G. (Ed.). *Nature's purpose: analysis of function and design in biology*. Cambridge: MIT Press, 1998, p. 435-52.

Hardcastle, V. Understanding functions: a pragmatic approach. In: Hardcastle, V. (Ed.). *Where biology meets psychology: philosophical essays*. Cambridge: MIT Press, 1999, p. 3-26.

Hardcastle, V. (Ed.). *Where biology meets psychology: philosophical essays*. Cambridge: MIT Press, 1999.

Harvey, W. Movement of the heart and blood in animals. In: _____. *The circulation of the blood and other writings*. London: Everyman's Library, 1963 [1628], p. 1-112.

Hempel, C. *La explicación científica*. Buenos Aires: Paidós, 1979 [1965].

Henning, W. *Elementos de una sistemática filogenética*. Buenos Aires: Eudeba, 1968.

Hinde, R. The concept of function. In: Allen, C.; Bekoff, M. & Lauder, G. (Ed.). *Nature's purpose: analysis of function and design in biology*. Cambridge: MIT Press, 1998, p. 419-34.

Hull, D. *Filosofia da ciência biológica*. Rio de Janeiro: Zahar, 1975.

HULL, D. & RUSE, M. (Ed.). *The philosophy of biology*. Oxford: Oxford University Press, 1998.

_____. *The Cambridge companion to the philosophy of biology*. Cambridge: Cambridge University Press, 2007.

JABLONKA, E. & LAMB, M. *Evolução em quatro dimensões*. São Paulo: Companhia das Letras, 2009.

KANT, I. *Crítica de la facultad de juzgar*. Caracas: Monte Ávila, 1992 [1790].

KELLER, D. & GOLLEY, F. (Ed.). *The philosophy of ecology*. London: The University of Georgia Press, 2000.

KELLER, E. It is possible to reduce biological explanation to explanation in chemistry and/or physics. In: AYALA, F. & ROBERT, A. R. P. (Ed.). *Contemporary debates in philosophy of biology*. Oxford: Wiley-Blackwell, 2010, p. 19-31.

KELLER, E. & LLOYD, E. (Ed.). *Keywords in evolutionary biology*. Cambridge: Harvard University Press, 1992.

KITCHER, P. Function and design. In: ALLEN, C.; BEKOFF, M. & LAUDER, G. (Ed.). *Nature's purpose: analysis of function and design in biology*. Cambridge: MIT Press, 1998, p. 479-504.

KIRCHNER, J. The Gaia hypothesis: fact, theory, and wishful thinking. In: RUSE, M. (Ed.), *Philosophy of biology*. Amherst: Prometheus, 2007, p. 228-309.

KROHS, U. Functions as based on a concept of general design. *Synthese*, 166, p. 69-89, 2009.

KROHS, U. & KROES, P. Philosophical perspectives on organismic and artifactual functions. In: KROHS, U. & KROES, P. (Ed.). *Functions in biological and artificial worlds: comparative philosophical perspectives*. Cambridge: MIT Press, 2009, p. 3-12.

KROHS, U. & KROES, P. (Ed.). *Functions in biological and artificial worlds: comparative philosophical perspectives*. Cambridge: MIT Press, 2009.

KWA, C. Representation of nature in cybernetic and evolutionary ecology. In: WEINGARTNER, P. & DORN, G. (Ed.). *Foundations of biology*. Wien: Hölder-Pichler-Tempsky, 1986, p. 167-90.

LALANDE, A. *Vocabulaire technique et critique de la philosophie*. Paris: PUF, 1947.

LAUDER, G. Historical biology and the problem of design. In: ALLEN, C.; BEKOFF, M. & LAUDER, G. (Ed.). *Nature's purpose: analysis of function and design in biology*. Cambridge: MIT Press, 1998, p. 507-18.

LAWLER, D. La complejidad del lenguaje normativo empleado para evaluar técnicamente a los artefactos técnicos. *Scientiae Studia*, 6, 3, p. 329-44, 2008.

LE GUYADER, H. *Classification et évolution*. Paris: Le Pommier, 2003.

LEWENS, T. *Organism and artifacts: design in nature and elsewhere*. Cambridge: MIT Press, 2004.

_____. Functions. In: MATTHEN, M. & SETPHENS, C. (Ed.). *Philosophy of biology*. Amsterdam: Elsevier, 2007, p. 525-48.

LEWONTIN, R. La adaptación. *Scientific American. Evolución*. Barcelona: Labor, 1982, p. 139-52.

_____. *The triple helix*. Cambridge: Harvard University Press, 2000.

LINCOLN, R.; BOXSHALL, G. & CLARK, P. *Diccionario de ecología, evolución y taxonomía*. México: Fondo de Cultura Económica, 2009.

LOEHLE, C. & PECHMANN, J. Evolution: the missing ingredient in systems ecology. In: KELLER, D. & GOLLEY, F. (Ed.). *The philosophy of ecology*. London: The University of Georgia Press, 2000 [1988], p. 304-19.

LORENZ, K. *La ciencia natural del hombre — el manuscrito de Rusia*. Barcelona: Tusquets, 1993.

LOVELOCK, J. *Gaia: una nueva visión de la vida sobre la tierra*. Madrid: Orbis, 1985.

_____. The Gaia hypothesis. In: MARGULIS, L. & OLENDZENSKY, L. (Ed.). *Environmental evolution*. Cambridge: MIT Press, 1992, p. 295-315.

REFERÊNCIAS BIBLIOGRÁFICAS

_____. *Las edades de Gaia*. Barcelona: Tusquets, 1993.

MARGALEF, R. *Teoría de los sistemas ecológicos*. Barcelona: Universitat de Barcelona, 1993.

MARGULIS, L. & OLENDZENSKY, L. (Ed.). *Environmental evolution*. Cambridge: MIT Press, 1992.

MATTHEN, M. & SETPHENS, C. (Ed.). *Philosophy of biology*. Amsterdam: Elsevier, 2007.

MATURANA, H. & VARELA, F. *De máquinas y seres vivos*. Santiago de Chile: Ed. Universitaria, 1994.

MAY, R. La evolución de los sistemas ecológicos. *Scientific American. Evolución*, 1982, p. 101-14.

MAYR, E. Cause and effect in biology. In: _____. *Evolution and diversity of life*. Cambridge: Belknap, 1976, p. 357-407.

MCINTOSH, R. *The background of ecology*. Cambridge: Cambridge University Press, 1985.

MCLAUGHLIN, P. *What functions explain: functional explanations and self-reproducing systems*. Cambridge: Cambridge University Press, 2001.

_____. Functions and norms. In: KROHS, U. & KROES, P. (Ed.). *Functions in biological and artificial worlds: comparative philosophical perspectives*. Cambridge: MIT Press, 2009, p. 93-102.

MERLEAU-PONTY, M. *La estructura del comportamiento*. Buenos Aires: Hachette, 1976 [1953].

MIKKELSON, G. Ecology. In: HULL, D. & RUSE, M. (Ed.). *The Cambridge companion to the philosophy of biology*. Cambridge: Cambridge University Press, 2007, p. 372-87.

MILLIKAN, R. In defense of proper functions. In: ALLEN, C.; BEKOFF, M. & LAUDER, G. (Ed.). *Nature's purpose: analysis of function and design in biology*. Cambridge: MIT Press, 1998, p. 295-312.

_____. Wings, spoons, pills, and quills: a pluralist theory of function. *The Journal of Philosophy*, 96, 4, p. 191-206, 1999a.

Gustavo Caponi

_____. An ambiguity in the notion of function. In: BULLER, D. (Ed.). *Function, selection and design*. New York: Suny Press, 1999b, p. 115-22.

_____. Biofunctions: two paradigns. In: ARIEW, A.; CUMMINS, R. & PERLMAN, M. (Ed.). *Functions: new essays in the philosophy of psychology and biology*. Oxford: Oxford University Press, 2002, p. 113-43.

MITCHELL, S. Function, fitness, and disposition. In: ALLEN, C.; BEKOFF, M. & LAUDER, G. (Ed.). *Nature's purpose: analysis of function and design in biology*. Cambridge: MIT Press, 1998, p. 395-417.

MORANGE, M. *La vie, l'évolution et l'histoire*. Paris: Odile Jacob, 2011.

NAGEL, E. *La estructura de la ciencia*. Buenos Aires: Paidós, 1978 [1961].

_____. Goal-directed processes in biology. *The Journal of Philosophy*, 74, 5, p. 261-79, 1977a.

_____. Functional explanation in biology. *The Journal of Philosophy*, 74, 5, p. 280-301, 1977b.

_____. Teleology revisited [1977]. In: ALLEN, C.; BEKOFF, M. & LAUDER, G. (Ed.). *Nature's purpose: analysis of function and design in biology*. Cambridge: MIT Press, 1998, p. 197-240.

NEANDER, K. Functions as selected effects. In: ALLEN, C.; BEKOFF, M. & LAUDER, G. (Ed.). *Nature's purpose: analysis of function and design in biology*. Cambridge: MIT Press, 1998, p. 313-34.

_____. The teleological notion of function. In: BULLER, D. (Ed.), *Function, selection and design*. New York: Suny Press, 1999, p. 123-42.

ODUM, E. *Ecology*. New York: Holt, Rinehart and Winston, 1963.

_____. *Ecologia*. Rio de Janeiro: Guanabara, 1988.

PARROCHIA, D. Des réseaux trophiques aux écosystèmes. In: ACOT, P. (Ed.). *La maîtrise du milieu*. Paris: Vrin, 1994, p. 79-100.

PEACOCK, K. Ecosystems. In: SARKAR, S. & PLUTYNSKY, A. (Ed.). *A companion to the philosophy of biology*. Malden: Blackwell, 2008, p. 351-67.

REFERÊNCIAS BIBLIOGRÁFICAS

PERLMAN, M. Changing the mission of theories of teleology: DOs and DON'Ts for thinking about function. In: KROHS, U. & KROES, P. (Ed.). *Functions in biological and artificial worlds: comparative philosophical perspectives*. Cambridge: MIT Press, 2009, p. 17-36.

_____. Traits have evolved to function the way they do because of past advantage. In: AYALA, F. & ROBERT, A. R. P. (Ed.). *Contemporary debates in philosophy of biology*. Oxford: Wiley-Blackwell, 2010, p. 53-71.

PIGLIUCI, M. & KAPLAN, J. *Making sense of evolution: the conceptual foundations of evolutionary biology*. Chicago: The University of Chicago Press, 2006.

POLANYI, M. *Personal knowledge*. Chicago: The University of Chicago Press, 1962.

_____. *El estudio del hombre*. Buenos Aires: Paidós, 1966.

PONCE, M. *La explicación teleológica*. México: Unam, 1987.

PRESTES, M; MARTINS, L. & STEFANO, W. (Ed.). *Filosofia e história da biologia* 1. São Paulo: MackPesquisa, 2006.

PRESTON, B. Why is a wing like a spoon? A pluralistic theory of function. *The Journal of Philosophy*, 95, p. 215-54, 1998.

_____. Biological and cultural proper functions in comparative perspective. In: KROHS, U. & KROES, P. (Ed.). *Functions in biological and artificial worlds: comparative philosophical perspectives*. Cambridge: MIT Press, 2009, p. 37-50.

PROUST, J. Fonction et causalité. *Intellectica*, 21, p. 81-113, 1995.

PSILLOS, S. & CURD, M. (Ed.). *The Routledge companion to philosophy of science*. London: Routledge, 2008.

REGNER, A. & ROHDEN, L. (Ed.). *A filosofia e a ciência redesenham horizontes*. São Leopoldo: Unisinos, 2005.

REISS, J. *Not by design: retiring Darwin's watchmaker*. Berkeley: University of California Press, 2009.

RICKLEFS, R. *A economia da natureza*. Rio de Janeiro: Guanabara, 2003.

RIDLEY, M. (Ed.). *Evolution*. Oxford: Oxford University Press, 1997.

RIESE, W. *La pensée causale en médecine*. Paris: PUF, 1950.

ROSAS, A. Kant y la ciencia natural de los organismos. *Ideas y Valores*, 137, p. 5-23, 2008.

ROSENBERG, A. *Darwinian reductionism*. Chicago: The University of Chicago Press, 2006.

_____. Biology. In: PSILLOS, S. & CURD, M. (Ed.). *The Routledge companion to philosophy of science*. London: Routledge, 2008, p. 358-519.

ROSENBERG, A. & MCSHEA, D. *Philosophy of biology*. New York: Routledge, 2008.

ROSENBLUETH, A.; WIENER, N. & BIGELOW, J. Behaviour, purpose and teleology. *Philosophy of Science*, 10, p. 18-24, 1943.

ROSENFELD, J. Functional redundancy in ecology and conservation. *Oikos*, 98, 1, p. 156-62, 2002.

RUDWICK, M. The inference of function from structure in fossils. In: ALLEN, C.; BEKOFF, M. & LAUDER, G. (Ed.). *Nature's purpose: analysis of function and design in biology*. Cambridge: MIT Press, 1998, p. 101-16.

RUSE, M. *La filosofía de la biología*. Madrid: Alianza, 1979.

_____. (Ed.), *Philosophy of biology*. Amherst: Prometheus, 2007.

_____. *Charles Darwin*. Buenos Aires: Katz, 2009.

RUSSELL, E. S. *La finalidad de las actividades orgánicas*. Buenos Aires: Espasa-Calpe, 1948.

SANSON, R. & BRANDON, R. (Ed.). *Integrating evolution and development*. Cambridge: MIT Press, 2007.

SARKAR, S. & PLUTYNSKY, A. (Ed.). *A companion to the philosophy of biology*. Malden: Blackwell, 2008.

SCHAFFNER, K. *Discovery and explanation in biology and medicine*. Chicago: The University of Chicago Press, 1993.

REFERÊNCIAS BIBLIOGRÁFICAS

SCHLOSSER, G. Self-re-production and functionality: a systems-theoretical approach to teleological explanation. *Synthese*, 116, p. 303-54, 1998.

____. Functional and developmental constraint on life-cycle evolution. In: SANSON, R. & BRANDON, R. (Ed.). *Integrating evolution and development*. Cambridge: MIT Press, 2007, p. 113-72.

SCHRÖDINGER, E. *¿Qué es la vida?* Barcelona: Tusquets, 1984 [1944].

SCHWARTZ, P. The continuing usefulness account of proper function. In: ARIEW, A.; CUMMINS, R. & PERLMAN, M. (Ed.). *Functions: new essays in the philosophy of psychology and biology*. Oxford: Oxford University Press, 2002, p. 244-60.

SERGIO, F. *et al*. Top predators as conservation tools: ecological rationale, assumptions, and efficacy. *Annual Review of Ecology, Evolution and Systematics*, 39, p. 1-19, 2008.

SLATER, P. *Introducción a la etología*. Barcelona: Crítica, 1988.

SOBER, E. *The nature of selection*. Chicago: The University of Chicago Press, 1984.

STERELNY, K. & GRIFFITHS, P. *Sex and death*. Chicago: Chicago University Press, 1999.

SOMMERHOFF, G. *Analytical biology*. London: Oxford University Press, 1950.

TILMAN, David *et al*. The influence of functional diversity and composition on ecosystem processes. *Science*, 277, p. 1300-2, 1997.

TINBERGEN, N. Guerra y paz en los animales y en el hombre. In: FRIEDRICH, H. (Ed.). *Hombre y animal*. Madrid: Orbis, 1985 [1968], p. 163-89.

____. Conducta y selección natural [1965]. In: ____. *Estudios de etología 2*. Madrid: Alianza, 1979 [1965], p. 98-118.

TOULMIN, S. *Foresight and understanding*. Indianapolis: Indiana University Press, 1961.

TURNER, D. The function of fossils: inference and explanation in functional morphology. *Studies in History and Philosophy of Biological and Biomedical Sciences*, 31, p. 191-212, 2000.

WAGNER, G. Characters, units and natural kinds: an introduction. In: WAGNER, G. (Ed.). *The character concept in evolutionary biology*. San Diego: Academic Press, 2001, p. 1-10.

WAGNER, G. (Ed.). *The character concept in evolutionary biology*. San Diego: Academic Press, 2001.

WAINWRIGHT, S. *et al. Diseño mecánico en organismos*. Madrid: Blume, 1980.

WALSH, D. Function. In: PSILLOS, S. & CURD, M. (Ed.). *The Routledge companion to philosophy of science*. London: Routledge, 2008, p. 349-57.

WALSH, D. & ARIEW, A. A taxonomy of functions. In: BULLER, D. (Ed.). *Function, selection and design*. New York: Suny, Press, 1999, p. 257-80.

WALTER, G. Individuals populations and the balance of nature: the question of persistence in ecology. *Biology & Philosophy*, 23, p. 417-38, 2008.

WEBER, M. *Philosophy of experimental biology*. Cambridge: Cambridge University Press, 2004.

WEIBEL, E.; TAYLOR, R. & BOLIS, L. (Ed.). *Principles of animal design*. Cambridge: Cambridge University Press, 1998.

WEINGARTNER, P. & DORN, G. (Ed.). *Foundations of biology*. Wien: Hölder-Pichler-Tempsky, 1986.

WILLIAMS, G. *Adaptation and natural selection*. Princeton: Princeton University Press, 1966.

_____. Gaia, nature worship, and biocentric fallacies. In: RIDLEY, M. (Ed.). *Evolution*. Oxford: Oxford University Press, 1997, p. 398-407.

WILSON, D. Los grupos humanos como unidades adaptativas: hacia un consenso teórico permanente. *Ludus Vitalis*, 12, 21, p. 91-108, 2004.

WOODFIELD, A. *Teleology*. Cambridge: Cambridge University Press, 1976.

WOUTERS, A. Four notions of biological function. *Studies in history and philosophy of biological and biomedical sciences*, 34, p. 633-68, 2003.

_____. Design explanation: determining the constraints on what can be alive. *Erkenntnis*, 67, p. 65-80, 2007.

WRIGHT, L. Explanation and teleology. *Philosophy of Science*, 39, p. 204-18, 1972.

_____. Functions. *The Philosophical Review*, 82, p. 139-68, 1973.

ÍNDICE DE TERMOS

Adaptação / adaptações, 14-8, 34-5, 37, 45-6, 59, 60-1, 68, 72, 75-8, 83-6, 88, 97, 115-6

Análise funcional / análises funcionais, 13, 15-6, 18, 23, 34, 37, 40-1, 54-5, 59-61, 63, 66-8, 71-2, 84-5, 88-9, 91-5, 104, 105-6, 109, 115-6

Apomorfia[s] / Apomórfico, 70-2, 83-8,

Atribuições de desenho, 16, 64, 68, 94

Autoecologia, 18, 23, 32, 49, 54, 61, 66, 84-6, 89, 108-9, 115

Autopoiesis, 46-8, 109-10

Autorregulação, 110-1

Caráter, 16-7, 26, 34-5, 41, 68-9, 70-2, 75-9, 85-8

Concepções (noções) do conceito de função:

    biológica[s], 14-6, 18-9, 28, 37-8, 42, 46-50, 53-4, 56-8, 60, 75-8, 83, 115-6;

    consequenciais, 19-21, 28, 35, 49, 50-3, 57, 59, 61

    etiológica[s], 13-6, 18-21, 23-9, 30-1, 34-5, 37, 39, 43, 49-55, 57, 59-60, 66-8, 78, 83, 86, 88, 91;

    processual, 14-5, 37-8, 40, 42, 49, 54, 57, 73-4, 90, 115-6;

    sistêmica[s], 13-5, 18-20, 37, 40, 42-4, 46, 50-2, 91, 115

Biologia

    do desenvolvimento, 43, 84-5, 106

    evolucionária, 17, 43, 61, 65, 106

    funcional, 43, 60-1, 66

Causas

    próximas, 61, 84

    remotas, 84

Constrições do desenvolvimento, 87, 100

Desempenho funcional, 16, 34, 37, 57-8, 65, 81-3, 102

Desenho

    biológico, 14-5, 17-8, 21, 60, 63, 68, 72-3, 79, 86, 88, 115-6

    inteligente, 63-4, 85

    sem desenhista, 83

Design, 64

Desígnio, 63-4

Ecologia, 18-9, 21, 35, 89-91, 93-5, 104-5, 107-10, 112-4, 116

Ecossistema, 89, 93-4, 99-104, 108-11, 114

Efeito benéfico, 50-2, 56

Efetividade, 79-81, 83

Eficácia, 26, 59, 66, 79-80, 95-8, 103, 111

Eficiência, 58, 73, 79-80, 82, 95-6, 99-103

Eficiência de consumo, 99-100

Engenharia reversa, 65

Equilíbrio natural, 113

Estabilidade, 113

Estado de caráter, 34-5, 85-6, 136

Estado privilegiado, 44, 46, 55, 90, 110, 116

Exaptação / exaptações, 29-30, 33-4, 37, 59-61, 76, 115

Explicação de desenho / explicações de desenho, 16, 63-7, 88, 103-4

Explicação selecionista / explicações selecionistas, 15-6, 23, 34-5, 37-8, 58-61, 63, 67-8, 71-2, 80, 87-8, 115

Fenótipo estendido, 47-8

Filiação comum, 87

Fisiologia, 18, 23, 31-2, 47, 54, 84-5, 89-90, 93, 104-5, 107-10, 113-6

Função, ver: Concepções (noções) do conceito de função
    cancerígena, 81
    com papel causal, 13-4, 31, 38-41, 44, 46-7, 49, 52, 56, 71, 73-5, 78, 81, 92-3, 95, 105, 116
    biológica, 14-5, 18-9, 28, 30, 37-8, 42, 46-50, 53-7, 60, 75-8, 83, 115-6

Gaia, 110, 114

Hermenêutica do vivente, 65

Homoplasia[s], 72

Ideal de ordem natural / ideais de ordem natural, 90, 105-7, 113-4, 116

Imputação funcional / imputações funcionais, 15-6, 23, 26, 28, 31-2, 35, 37, 39-42, 45, 47, 50-1, 54-6, 77, 80, 92-3, 95,

Linguagem funcional, 94

ÍNDICE DE TERMOS

Metas
    orgânicas intrínsecas, 14, 52, 115
    sistêmicas intrínsecas, 14, 42-3, 46, 50-2
Mimetismo, 98
Objeto[s] desenhado[s], 73-5, 77, 82, 86, 95, 103-4, 116
Organicista / organicismo, 89-90, 94, 105, 114
Organismos
    consumidores, 93
    decompositores, 99, 104
    produtores, 93
Ordem / desordem, 90, 99, 105-7, 109-10, 114-6
Otimização, 102
Papel causal, 13-4, 31, 38-41, 44, 46-7, 49, 52, 56, 71, 73-5, 78, 81, 92-3, 95, 105, 116
Partes orgânicas, 18, 48, 90
Pesquisa & desenvolvimento, 83
Plesiomorfia[s] / plesiomórfico, 70-2, 86-8,
Polinizador, 48, 84, 93-100, 113
Predador, 26, 32, 46, 56, 93
Princípio
    de divergência, 101
    de inércia, 106
Processo[s] de desenho, 24, 65, 81-3, 95, 102-3, 105, 116,
Razão de ser, 39, 56, 65-6, 75, 87, 90-1, 105, 113, 116
Recurso vital / recursos vitais, 48
Redundância funcional, 94
Seleção de [selection of] / seleção por [selection for], 98-9, 101
Seleção natural, 15-6, 18, 23-6, 29, 31, 34-5, 37, 51, 56, 64-6, 74-6, 78-9, 83-8, 96, 100-3, 106, 110
Sistema autorreprodutivo, 46-8
Sistema dirigido à meta, 44
Sistemas ecológicos, 89-90, 95, 101-5, 108, 111-2, 116
Sustentabilidade, 108-9, 113
Teleologia, 63
Teoria da seleção natural, 16, 23, 29, 34-5, 51, 66, 106

Índice de nomes

Acot, Pascal, 89
Abercrombie, Michael, 49
Adams, Fred, 43
Allen, Collin, 13, 78
Amorim, Dalton, 70
Amundson, Ron, 19
Ariew, André, 52
Ayala, Francisco, 83
Bedau, Mark, 50
Bekoff, Marc, 78
Bernard, Claude, 31, 49, 55, 93, 107
Bichat, Xavier, 107
Bigelow, John, 51
Bigelow, Julian, 43, 45
Bock, Walter, 32-3
Boorse, Christopher, 43, 45
Borges, Jorge Luis, 9
Bowler, Peter, 89, 110
Brandon, Robert, 19, 35, 80
Brewer, Richard, 89, 99, 111
Buller, David, 13, 19-20, 25-7, 28, 52, 54
Canfield, John, 50
Chediak, Karla, 11, 13, 23, 24-6, 29, 38, 43, 53
Colyvan, Mark, 112
Cooper, Gregory, 112-3
Cummins, Robert, 13-4, 18, 20, 41, 38, 50, 58, 61, 91, 71
Cuvier, Georges, 67, 106
Darwin, Charles, 31-2, 50-2, 65, 67, 101, 106, 115
Davies, Paul, 19, 30-1, 34, 40, 59
Dawkins, Richard, 47
Delancey, Craig, 43
Delsol, Michel, 32
Depew, David, 13

Gustavo Caponi

Dennett, Daniel, 16, 65-6, 83
Eldredge, Niles, 9
Donlan, Josh, 94
Drouin, Jean, 89
Edin, Benoni, 43, 45
El-Hani, Charbel, 12, 18, 24, 40-1, 61, 78, 89-90, 94-5, 110
Fistrup, Kurt, 69
Futuyma, Douglas, 100
Galliez, Maron, 72
Gans, Carl, 33
Garson, Justin, 19-20, 25, 28, 35, 42, 44-5, 50-1
Gayon, Jean, 12, 19, 27, 31, 52, 54, 56, 94-5, 105
Ghiselin, Michael, 69-70
Ginnobili, Santiago, 12, 30, 34-5, 56, 59
Giroux, Élodie, 13, 57
Godfrey-Smith, Peter, 19, 25
Goldstein, Kurt, 55, 93
Gould, Stephen Jay, 29-30
Grene, Marjorie, 13
Griffiths, Paul, 13, 25, 77
Hardcastle, Valerie, 19
Harvey, William, 31
Hempel, Carl, 13, 43
Hennig, Willi, 69-70
Hickman, Charles, 49
Hinde, Robert, 27-8, 32, 50
Hull, David, 45
Kant, Immanuel, 55
Kaplan, Jonathan, 25
Keller, Evelyn, 93
Kitcher, Philip, 25, 40, 78
Kirchner, James, 111
Kroes, Peter, 57
Krohs, Ulrich, 57, 78
Kwa, Chunglin, 89, 110
Lalande, André, 20, 70, 93

ÍNDICE DE NOMES

Lawler, Diego, 24, 57
Le Guyader, Hervé, 70-1, 86
Lewens, Tim, 19, 23, 28, 31, 33, 43, 45, 51-3
Lewontin, Richard, 34, 87-8
Lorenz, Konrad, 107
Lovelock, James, 110, 114
Margalef, Ramón, 110, 114
Maturana, Humberto, 46, 109
May, Robert, 101
Mayr, Ernst, 66, 84
McIntosh, Robert, 89, 110
McLaughlin, Peter, 50-1
McShea, Daniel, 30
Merleau-Ponty, Maurice, 55
Millikan, Ruth, 13, 19, 21, 31, 53
Mitchell, Sandra, 13
Morange, Michel, 32, 85
Nagel, Ernst, 13, 31, 43, 45
Neander, Karen, 13
Odum, Eugene, 93, 110, 114
Paley, William, 64
Parrochia, Daniel, 99
Peacock, Kent, 110
Perlman, Mark, 19, 40
Perón, Juan Domingo, 104
Perrin, Louis, 32
Pigliuci, Massimo, 25
Polanyi, Michael, 55, 66
Ponce, Margarita, 18, 40-1, 55, 105
Preston, Beth, 19, 27
Proust, Joel, 13
Ricklefs, Robert, 94
Riese, Walther, 55
Rosas, Alejandro, 12, 55
Rosenberg, Alexander, 19, 30
Rosenblueth, Arturo, 43, 45

Gustavo Caponi

Rosenfeld, James, 90, 94
Roth, Martin, 41, 58
Rudwick, Martin, 33
Ruse, Michael, 51, 65
Russell, Edward, 47
Schaffner, Kenneth, 19, 32
Schlosser, Gerhard, 43, 45-7
Schrödinger, Erwin, 107
Schwartz, Peter, 25
Sergio, Fabrizio, 94
Slater, Peter, 51
Sober, Elliott, 98-9
Sterelny, Kim, 13, 77
Sommerhoff, Geoffrey, 43
Tilman, David, 94
Tinbergen, Niko, 27-8, 54, 33
Toulmin, Stephen, 90, 105-6
Turner, Derek, 33
Varela, Francisco, 46, 109
Vrba, Elisabeth, 29-30
Wagner, Günter, 71
Wahlert, Gerd, 32-3
Wainwright, Stephen, 63
Walsh, David, 40, 43, 52, 54, 57-8
Walter, Gimme, 109, 112
Weber, Marcel, 31-2
Weibel, Ewald, 63
Wiener, Norbert, 43, 45
Williams, George, 13, 20, 29, 111
Wilson, David, 100
Woodfield, Andrew, 50
Wouters, Arno, 19, 66-7, 103-4
Wright, Larry, 13, 24, 49-50

Este livro foi composto em Filosofia
com CTP do Estúdio ABC
e impressão da Bartira Gráfica e Editora
em papel Lux Cream 70 g/m²
em novembro de 2012.